絵でわかる

韓国語の

慣用表現

イラスト　ツダタバサ

本文デザイン・装丁　（株）アイ・ビーンズ

はじめに

　みなさんは日本語の「へそを曲げる」という表現を「機嫌をそこねて意固地になる」という意味で日常的に使っていることと思います。でも、これを韓国語に直訳して「へそ (배꼽)」と「曲げる (구부리다)」で「배꼽을 구부리다」としても、韓国語話者には何のことかわかりません。日本語のニュアンスが伝わらないからです。この場合は「へそを曲げる＝すねる」と置き換えて、「토라지다/삐치다」と言わなければなりません。

　日本語同様、韓国語にも数えきれないほど多くの慣用表現があり、中には韓国語特有のものも数多く存在しますので、それを自然に使えるようになることが韓国語上達へのカギとなります。

　日本語と韓国語の共通点の一つとして、「頭 (머리를 굴리다 頭をひねる/あれこれ工夫する)」「顔 (얼굴이 팔리다 顔が売れる/有名になる)」「足 (발을 빼다 足を洗う/手を引く)」など、体の部位を用いた慣用表現が多いことが挙げられます。本書では、体の部位を用いてよく使われる慣用表現をまとめることによって、学習者がより分かりやすく、覚えやすい構成になるよう工夫してあります。

　なお、韓国語能力試験 (TOPIK) やハングル能力検定の受験を準備中の方にもお勧めできる1冊です。

　どうか本書を通じて、表現を豊かにすることを望まれる学習者の役に立てれば幸いです。

辛昭静

この本の特徴

体の各部位ごとに慣用表現をまとめる

　本書では体の部位を用いてよく使われている慣用表現をそれぞれの章ごとに 25 個ずつ提示しています。体の部位ごとに表現を一まとめにすることで、表現をより効率的に覚えられるよう工夫してあります。

イラスト付きで意味が分かりやすくなる

　それぞれの表現にはすべてイラストが付いているため、視覚的に意味をとらえられるので、より記憶に残りやすく、学習が楽しくできるようにしてあります。

初級レベルから上級レベルまで使える

　本書は、韓国語勉強を始めたばかりの方はまず表現を、初級レベルの方は表現に付いている例文を、中級レベル以上の方は Advanced 練習を解くことで、学習者が自分のレベルに合わせて幅広く活用できる構成になっています。

この本の使い方

初級
レベル
前半

STEP1

慣用表現の意味を確認し、覚える。

(例) 얼굴에 손대다

　　顔に手を付ける／整形手術をする／顔を殴る

STEP2

例文を通して、表現の使用例を確認する。

(例) 뭐야? 너 또 얼굴에 손댔니?

　　何。あなた、また顔に手を加えての？

初中級
レベル

STEP3

参の類似表現や反対表現等を確認し、覚える。

(例) 얼굴을 (뜯어)고치다, 성형하다ともいう。

STEP4

Advanced練習問題を解いた後、答え合わせをする。

(例)　A：더 이상 얼굴에 (　　　)지 말라니까. 이
　　　　젠 누군지도 잘 모르겠어.
　　　B：그거 몰라볼 정도로 예뻐졌다는 말이지?

中級
レベル
以上

目 次

◆ 体以外の様々な慣用表現・ことわざ ◆

＊本文の中で直は直訳を意は意味を参は類似表現や反対表現など参考
となる事項を示しています。

第1章

顔に関する慣用表現

- 얼굴 보기 힘들다
- 얼굴만 쳐다보다
- 얼굴에 그늘이 지다
- 얼굴에 먹칠을 하다
- 얼굴에 손대다
- 얼굴에 쓰여 있다
- 얼굴에 철판을 깔다
- 얼굴을 깎다/얼굴이 깎이다
- 얼굴을 내밀다/비치다
- 얼굴을 돌리다
- 얼굴을 들 수가 없다/못 들다
- 얼굴을 보다
- 얼굴을 붉히다

- 얼굴을 찡그리다
- 얼굴이 반반하다
- 얼굴이 빨개지다/홍당무가 되다
- 얼굴이 어둡다
- 얼굴이 반쪽이 되다
- 얼굴이 팔리다
- 얼굴이 피다
- 얼굴이 (새)파랗다
- 얼굴이 핼쑥하다
- 얼굴이 화끈거리다
- 얼굴값을 하다
- 얼굴색 하나 안 변하다/바뀌다

얼굴 보기 힘들다

なかなか会えない／会う機会がなかなかない〔直顔を見るのが難しい〕

参 만나기 힘들다ともいう。

많이 바빠? 왜 이렇게 얼굴 보기가 힘들어?

そんなに忙しいの？ 何でこんなになかなか会えないのよ。

얼굴만 쳐다보다

顔ばかり見つめる

意 人の助けばかり期待して顔色を窺う。

내 얼굴만 쳐다보고 있으면 문제가 해결되니?

私の顔ばかり見つめてたら、問題が解決できるの？

얼굴에 그늘이 지다

顔に影が差す／表情が暗い

参 얼굴에 그늘이 있다（顔に影がある）

얼굴에 그늘이 진 게 뭔가 분위기 있어 보이지 않아?

表情が暗いのが、何だか雰囲気がある感じじゃない？

얼굴에 먹칠을 하다

顔に泥を塗る〔直顔に墨を塗る〕

意 人に恥をかかせる。不名誉な行いをする。

参 얼굴에 똥칠하다（顔にうんこを塗る）ともいう。

사람들 앞에서 부모 얼굴에 먹칠을 하다니.

人前で親の顔に泥を塗るなんて。

얼굴에 손대다

顔に手を付ける／整形手術をする／顔を殴る

参 얼굴을 (뜯어)고치다, 성형하다ともいう。

뭐야? 너 또 얼굴에 손댔니?

何。あなた、また顔に手を加えたの？

▶ ☐ 의 中에서 適當한 表現을 選び 會話를 完成させましょう。◀

| 힘들다　　손대다　　하다　　쳐다보다　　지다 |

❶ A : 더 이상 얼굴에 (　　　　　)지 말라니까. 이젠 누군지도 잘 모
　　르겠어.

　　B : 그거 몰라볼 정도로 예뻐졌다는 말이지?

❷ A : 사람이 실수를 할 수도 있는 거지, 쪼잔하게 그걸 가지고 자기
　　얼굴에 먹칠을 (　　　　)고 흥분해서 난리야.

　　B : 그러니 출세를 못 하지. 동기들은 다 부장 달았는데 자기만 과
　　장이잖아.

❸ A : 서로 바빠서 얼굴 보기도 (　　　　　)데 여기서 그만 정리할
　　까?

　　B : 다 좋은데 이거 하나만 확실히 하자. 내가 찬 거야.

❹ 성격도 좋고 얼굴도 예쁘고 다 마음에 드는데 가끔 얼굴에 그늘이
　（　　　　） 때가 있는 게 아무래도 마음에 걸린단 말이야.

❺ 배가 고프다면서 다들 내 얼굴만 (　　　　)고 있는 건 나더러 뭔
　가 만들라는 얘기야?

┈┈┈┈┈┈┈┈┈┈┈┈┈┈┈┈┈┈ 日本語訳 ┈┈┈┈┈┈┈┈┈┈┈┈┈┈┈┈┈┈

❶ A : これ以上顔に手を加えるのはよしてよ。もう誰なのかもわからない。
　　B : 見違えるほどきれいになったってことだよね。

❷ A : 人はミスもするもんでしょう。けちくさく、それについて自分の顔をつぶしたと興奮
　　して大騒ぎだよ。
　　B : だから出世できないんだよ。同期は皆部長なのに自分だけ課長じゃない。

❸ A : お互い忙しくてなかなか会うことすら難しいんだから、もう別れようか。
　　B : 良いけど、これだけは、はっきりしておきましょう。あなたが振られたのよ。

❹ 性格も良くて、顔もきれいで、全てが気に入ってるんだけど、時折顔に影があるのがど
　うしても気がかりなんだよな。

❺ お腹が空いてると言いながら、皆私の顔ばかり見てるのは、私に何か作れってことなの？

┈┈

答え ❶ 손대 ❷ 했다 ❸ 힘든 ❹ 질 ❺ 쳐다보

얼굴에 쓰여 있다

顔に書いてある　**意**言わなくても、顔を見ればわかる。表情から言いたいことがわかる。　**参**얼굴에 표를 내다（顔に出す）、얼굴에 표가 나다（顔に出る）

말로 안 해도 얼굴에 다 쓰여 있어. 맛없다고.
口には出さなくても顔には書いてあるわよ。まずいって。

얼굴에 철판을 깔다

厚かましい/図々しい〔**直**顔に鉄板を敷く〕
意恥知らずで、体面も取り繕わない。　**参**얼굴(가죽)/낯/낯짝이 두껍다（顔の面が厚い/厚かましい）、뻔뻔하다ともいう。

선물 안 샀는데? 그냥 얼굴에 철판 한번 깔지, 뭐.
手土産は買ってないんだけど。素知らぬ顔で振舞えばいい。

얼굴을 깎다/얼굴이 깎이다

顔をつぶす/顔がつぶれる
意面目が立たないようにする/される。
参체면(面子)을 깎다/체면이 깎이다もよく使われる。

뒷담화라는 게 결국은 자기 얼굴 깎는 건데 말이야.
陰口ってのは結局は自分の顔をつぶすことになるのにね。

얼굴을 내밀다/비치다

顔を出す
意集まりに出席する。現れる。

바쁜 거 아는데 그래도 잠깐 얼굴만이라도 비치고 가.
忙しいのは分かってるけど、ちょっとだけでも顔を出してよ。

얼굴을 돌리다

顔をそらす/顔をそむける
意顔を横に向けて、正面を向かないようにして、見ないようにする。　**参**고개(頭)를 돌리다、외면하다ともいう。

쟤는 왜 나랑 눈만 마주치면 얼굴을 돌려?
あの子は何で私と目が合うと顔をそらすんだろ?

Advanced 練習

► ☐ の中から適当な表現を選び会話を完成させましょう。◄

| 돌리다 | 있다 | 깔다 | 깎이다 | 비치다 |

❶ A : 어제 난 잠깐 얼굴만 (   )고 나왔는데 도대체 몇 시까지 마신 거야?

　 B : 당연히 아침까지 달렸지. 사우나 들렀다가 바로 출근한 거야.

❷ A : 입으로는 아니라고 하지만 당신 얼굴에 쓰여 (   )어. 우린 끝났다고.

　 B : 제발 그 멋대로 단정 짓는 버릇 좀 고치라니까. 이젠 정말 부정하기도 지친다.

❸ A : 얼굴에 철판 (   )는 말은 쟤 때문에 있는 말일 거야.

　 B : 진짜 어떻게 밥 먹고 자기 밥값 내는 걸 한번도 본 적이 없어.

❹ 얼굴 (   )지 말고 똑똑히 봐. 저게 바로 너희가 평소에 다른 사람들한테 하는 짓이니까.

❺ 넌 정말 저 사람에 대해서 하나도 모르는구나. 저 사람이 사람들 앞에서 자기 얼굴 (   ) 일을 할 거라고 생각해?

日本語訳

❶ A : 私は昨日ちょっとだけ顔を出してすぐ帰ったんだけど、一体何時まで飲んだの？

　 B : 朝までに決まってるじゃん。サウナに寄ってそのまま出勤したよ。

❷ A : 口では違うといってもあなたの顔に書いてあるよ。私たちは終わったと。

　 B : お願いだからその勝手に決めつける癖はよしてよ。もう否定するのも疲れた。

❸ A : 図々しいという言葉はあの子のためにある言葉だよ。

　 B : ホントご飯を食べに行って自分のご飯代を払うのを一度も見た覚えがない。

❹ 顔をそらさないでしっかり見とけよ。あれがまさにお前たちが日ごろ人にやってる仕打ちなんだよ。

❺ あの人のこと、ちっともわかってないんだよね。あの人が人前で自分の顔をつぶすようなことをすると思うの？

答え　❶ 비치　❷ 있　❸ 깔았다　❹ 돌리　❺ 깎일

얼굴을 들 수가 없다/못 들다

顔が上げられない

意 恥ずかしくて、もしくは面目がなくて合わせる顔がない。

参 고개를 들 수가 없다/못 들다ともいう。면목(이) 없다 (面目がない/合わせる顔がない)

내가 너 때문에 사람들 앞에서 얼굴을 못 들겠다.
私はあなたのせいで人前で顔をあげることができないよ。

얼굴을 보다

顔を見る/対面する/顔を立てる

意 その人の立場を尊重する。その人のプライドが保てるようにする。参 체면을 보다/생각하다ともいう。

내 얼굴을 봐서 한번만 눈감아 주면 안될까?
私の顔を立てて、一度だけ目をつぶってもらえないかな。

얼굴을 붉히다

顔を赤くする / 頬を染める/赤面する/不愉快な思いをする

意 恥ずかしさのために顔を赤くする。怒りで顔を赤くする。

이런 일로 서로 얼굴 붉힐 필요 있어?
こんなことでお互い不愉快な思いをする必要あるの?

얼굴을 찡그리다

顔をしかめる

意 不快などから表情をゆがめる。参 눈살을 찌푸리다, 인상을 쓰다/찌푸리다/찡그리다ともいう。反対語は、얼굴/인상을 펴다

또 얼굴을 찡그린다. 싫더라도 참고 좀 웃어.
また顔をしかめる。嫌でも我慢して笑って。

얼굴이 반반하다

顔がきれいだ/顔立ちが整っている

저 몸매에 얼굴만 좀 반반하면 완벽할 텐데.
あのスタイルに顔さえきれいなら申し分ないのに。

▶ ☐ の中から適当な表現を選び会話を完成させましょう。◀

반반하다　　붉히다　　찡그리다　　들다　　보다

❶ A : 내가 무슨 말만 하면 얼굴을 (　　　　)까 말하기가 꺼려지잖아.

　　B : 넌 그냥 입 다물고 가만히 있는 게 돕는 거야.

❷ A : 또 전교 꼴지라고? 아들, 엄마가 친구들 앞에서 얼굴을 못 (　　　　)어.

　　B : 앞에서 일등 못 할 바에야 뒤에서라도 일등하는 게 낫지 않아요?

❸ A : 얼굴이 (　　　　)면 뭐 해. 성격이 개차반인데.

　　B : 맞아, 같이 살아 봐. 얼굴? 그거 금방 질려.

❹ 보통 첫 데이트 때 이런 영화를 보면은 얼굴을 (　　　　)면서 부끄러워하는 게 정상 아냐?

❺ 이번엔 아버지 얼굴을 (　　　　)서 그냥 넘어가겠지만 한번만 더 이런 일이 있을 때는 각오하는 게 좋을 거야.

·········· 日本語訳 ··········

❶ A : 私が何か話すと決まって顔をしかめるから、言いたいことも言えないじゃない。
　　B : あなたはただ黙って静かにしてくれた方が助かるよ。
❷ A : また全校ビリだって？　息子よ、母さんは友だちの前で顔も上げられない。
　　B : 前から1番になれないなら、後ろからでも1番になった方がいいのではありませんか。
❸ A : 顔さえ良ければいいわけ？　性格がわるくでもないのに。
　　B : そうよ。いっしょに暮らしてみて。顔？そんなもんすぐ飽きちゃうよ。
❹ ふつう初デートのときに、こんな映画を観ると顔を赤らめながら恥ずかしがるのが一般的じゃない？
❺ 今度のことはお父さんの顔を立ててこと荒立てないけど、もう一度こんなことがあった際は覚悟するように。

···

答え ❶ 찡그리니 ❷ 들겠 ❸ 반반하 ❹ 붉히 ❺ 보아(봐)

얼굴이 빨개지다/홍당무가 되다

顔が赤くなる/赤面する
圖 恥ずかしくて顔の色が赤大根/人参のような色になる。

얼굴이 홍당무가 되어 고백하는데 귀여워 죽겠더라.
顔を真っ赤にして告白するのがかわいくてね。

얼굴이 어둡다

顔が暗い 圖 元気がなく、顔色が冴えない。
圖 표정이 어둡다 (表情が暗い)

아까 보니 얼굴이 어둡던데 무슨 걱정이라도 있나?
さっき見たら顔が暗かったんだけど、何か心配事でもあるのかな。

얼굴이 반쪽이 되다

顔がやつれる/げっそりする/痩せる〔圓 顔が半分になる〕
圖 心労や苦労などで顔が痩せる。
圖 얼굴이 야위다、얼굴이 마르다ともいう。

스트레스 때문에 얼굴이 완전 반쪽이 됐어.
ストレスのせいで顔がげっそりしたわ。

얼굴이 팔리다

顔が売れる/有名になる 圖 世間によく知られる。
圖 쪽팔리다は「恥ずかしい」の意味 (쪽は顔の俗語)。マスコミを 타다 (メディアで取り上げられる)、유명세를 타다 (有名になる)

얼굴이 팔리니까 어디 가서 밥 먹기도 불편해.
顔が売れちゃって、外でご飯食べるのも不便なんだよ。

얼굴이 피다

顔色が良くなる/幸せそうだ/元気になる/きれいになる〔圓 顔が咲く〕圖 良いことがあったり、体調がよく、顔色も良くつやがあるという意味。
圖 팔자가 피다 (生活が豊かになる/運がよくなる)

얼굴이 활짝 폈네, 폈어. 그렇게 좋아?
きれいになったね。そんなに幸せなの?

▶ ◯◯◯◯ の中から適当な表現を選び会話を完成させましょう。◀

어둡다　　팔리다　　피다　　빨개지다　　되다

❶ A : 회사 그만두더니 완전 얼굴이 (　　　　)네.
　　B : 너도 그만 망설이고 결단을 내려. 인생은 짧다니까.

❷ A : 얼마나 충격이 컸으면 하루만에 얼굴이 반쪽이 (　　　　)네.
　　B : 저게 반쪽이면 원래 얼마만 했다는 거야?

❸ A : 이번에 새로 온 강사 진짜 순진해. 놀려 먹기 딱 좋다니까.
　　B : 첫사랑 얘기해 달랬더니 얼굴이 (　　　　)서는 말을 더듬는
　　　 거 봤지?

❹ 이 업계에서는 얼굴이 (　　　　)대로 팔려서 어떤 의미에서는
　유명인이지. 좋은 의미가 아니라는 게 문제지만.

❺ (　　　　) 얼굴하지 말고 웃으세요. 맨날 그렇게 죽을상을 하고
　있으니 될 일도 잘 안되는 거예요.

-------------------------------- 日本語訳 --------------------------------

❶ A : 会社を辞めたら、すっかり顔色が良くなったね。
　　B : あなたももう迷わないで決断してよ。人生は短いって。
❷ A : ショックがどれほど大きければ、一日にして顔がげっそりしちゃうの。
　　B : あれで半分なら、本来はどれほど大きかったってことなの?
❸ A : 今度新しく来た講師、マジうぶなの。いじられキャラだよ。
　　B : 初恋の話を聞かせてといったら、顔を真っ赤にしては口ごもるのをみた?
❹ この業界では顔が売れに売れちゃってある意味では有名人なの。いい意味ではなくてっ
　てことが問題だけどね。
❺ 暗い顔せずに笑ってください。毎日そうやってつらそうな顔をしているから、上手くいく
　ことまでもが上手くいかなくなるんですよ。

答え　❶ 피었(폈)　❷ 되었(됐)　❸ 빨개져　❹ 팔릴　❺ 어두운

얼굴이 (새)파랗다

顔が真っ青だ
意 (驚きや恐怖のために) 真っ青になる。
参 얼굴이 (새)파랗게/하얗게/창백하게 질리다ともいう。

그 말 듣고는 얼굴이 새파래지는데 좀 불쌍하더라.
その言葉を言われ顔が真っ青になったのが、ちょっとかわいそうだったの。

얼굴이 핼쑥하다

顔が青白い/蒼白い
意 血の気がない顔色である。顔色が青白い。やつれている。
参 야위다/마르다/핏기가 없다/파리하다ともいう。

얼굴이 왜 이렇게 핼쑥해? 고민 있으면 혼자 속 끓이지
말고 얘기해.
何で顔がそんなに青白いの？ 心配事はひとりで悩まないで話してね。

얼굴이 화끈거리다

顔がかっと熱くなる/顔から火が出るほど恥ずかしい
〔直 顔がかっかとほてる〕意 恥ずかしさの余り顔を真っ赤にす
る。参 낯 뜨겁다ともいう。

초콜릿 건넬 때 얼굴이 화끈거려서 죽는 줄 알았어.
チョコを渡すとき、顔から火が出るほど恥ずかしくて死ぬかと思った。

얼굴값을 하다

顔の良さを生かす/利用する〔直 顔の値打ちをする〕
意 顔つきにふさわしい態度や行動をする。参 否定形は 얼굴값
을 못하다。参 꼴값 (을) 떨다 (柄にもない目障りな振る舞いを
する)、꼴값は 얼굴값の俗語。밥값을 하다 (食った分だけの働き
はする)、나잇값을 하다 (歳相応に振る舞う)

참 생긴 게 아깝다. 얼굴값 좀 해라.
イケメンなのにもったいない。その顔をちゃんと活かしたら。

얼굴색 하나 안 변하다/바뀌다

顔色一つ変わらない
意 顔に感情を出さない。
参 얼굴색은, 얼굴빛/안색ともいう。

대놓고 욕을 들어도 얼굴색 하나 안 변하네.
面と向かって悪口を言われても顔色一つ変わらないんだね。

▶ ☐の中から適当な表現を選び会話を完成させましょう。◀

햌쑥하다　　화끈거리다　　(새)파랗다　　하다　　변하다

❶ A : 얼굴색 하나 안 (　　　　　)고 태연하게 거짓말하는 걸 보니
　　　무섭더라.
　　B : 어머, 너 거울 보는 것 같았겠다.

❷ A : 얼굴이 (　　　　　) 게 누가 보면 사흘에 피죽 한 그릇도 못 얻
　　　어 먹은 사람 같아.
　　B : 말도 마. 설사가 나서 이틀을 꼬박 굶었어.

❸ A : 유령이라도 본 거야? 얼굴이 (　　　　)게 질려서는 왜 그래?
　　B : 울 엄마가 나 잡으러 왔어. 이번에 잡히면 최소 사망이야.

❹ 사람들이 얼굴값을 못 (　　　　)고 할까봐 허구한 날 바람피고
　　다니는 거야?

❺ 사람들 앞에서 얼마나 칭찬을 하시는지 얼굴이 (　　　　)서 죽
　　을 뻔 했어요.

---------------------------------- 日本語訳 ----------------------------------

❶ A : 顔色一つ変えず平然とうそをつくのをみてたら、怖かったのよ。
　　B : あら、まるで鏡を見てるようだったんじゃない?
❷ A : 顔が青白いのが、まるでずっと (3日) 何も食べてない人みたい。
　　B : もうひどいのよ。下痢をして、まる2日間何も食べていないの。
❸ A : 幽霊でも見たの? 顔が真っ青になってどうしたのよ。
　　B : 母さんが私を捕まえに来たのよ。今度捕まったら殺される。
❹ 他の人に顔がもったいないと言われるんじゃないかと思って、常に浮気をするわけ?
❺ 人の前でベタ褒めされて、顔から火が出てるほど恥ずかしくて死ぬかと思いました。

答え　❶ 변하　❷ 햌쑥한　❸ (새)파랗　❹ 한다　❺ 화끈거려

食べ物に関する慣用表現

국수를 먹다　結婚式に招待される / 結婚式を挙げる　🈩 ククスを食べる

국수는 언제 먹을 수 있는 거야?
結婚式はいつあげるのよ。

밥 먹듯 하다　（日常茶飯事のように）平気だ　🈩 嘘をご飯を食べるようにつく

거짓말을 밥 먹듯 하네.
平気でうそをつくんだね。← 嘘をご飯を食べるようにつくんだね。

한솥밥을 먹다　同じチームになる / 同僚になる　🈩 同じ釜の飯を食べる

이제 한솥밥 먹을 사이인데 너무 한 거 아냐?
これから同じチームになる仲なのにひどいんじゃない?

파김치가 되다　疲れてくたくたになる　🈩 ネギキムチになる

일이 힘들어서 저녁에는 완전 파김치가 된다니까.
仕事が大変で、夜にはすっかり疲れてくたくたになるってば。

죽을 쑤다　事がめちゃくちゃになる　🈩 お粥を炊く

기말시험 완전 죽 쒔어.
期末テスト、ぜんぜんダメだった。

미역국을 먹다　試験などに落ちる　🈩 ワカメスープをたべる

이번에도 미역국 먹으면 그냥 포기해.
今度もダメだったら、あきらめて。

깨가 쏟아지다　（特に新婚の）夫婦の仲が睦まじい / とても幸せだ　🈩 ゴマがこぼれる

깨가 쏟아지네, 깨가 쏟아져.
とっても幸せそうだね、ほんとに。

第2章

目に関する
慣用表現 1

- 눈 둘 곳을 모르다
- 눈 뜨고 당하다
- 눈 뜨고 볼 수가 없다
- 눈 밖에 나다
- 눈 씻고 찾아보다
- 눈여겨보다
- 눈/눈썹 하나 깜짝 안 하다
- 눈에 거슬리다
- 눈에 넣어도 아프지 않다
- 눈에 들다
- 눈에 밟히다/어리다
- 눈에 보이는 게 없다
- 눈에 불을 켜다

- 눈에 선하다
- 눈에 쌍심지를 켜다
- 눈에 익다
- 눈에 차다
- 눈에 콩깍지가 씌다
- 눈에 흙이 들어가다
- 눈을 감다
- 눈을 돌리다
- 눈을 떼다
- 눈을 맞추다
- 눈을 부라리다/부릅뜨다
- 눈을 붙이다

눈 둘 곳을 모르다

目のやり場に困る/恥ずかしい〔直目の置くところを知らない〕
意見るに堪えない。直視できない。

노출 신이 너무 적나라해서 눈 둘 곳을 모르겠어.
露出シーンがあまりにも赤裸々で目のやり場に困るよ。

눈 뜨고 당하다

うまいことやられる/まんまとやられる〔直目を開けていてやられる〕参감쪽같이 당하다ともいう。

아유 분해. 눈 뜨고 소매치기를 당하다니.
悔しい！スリに遭うなんて。

눈 뜨고 볼 수가 없다

見るに忍びない/見るに耐えない〔直目を開けて見られない〕
意あまりにも気の毒であったり、ひどい状態であったりして、見ているのが非常につらい。参차마 볼 수가 없다ともいう。

쟤 거들먹거리는 거, 더는 눈 뜨고 못 봐 주겠어.
あの子が偉そうにするのをこれ以上は見るに忍びない。

눈 밖에 나다

嫌われる/憎まれる/信頼を失う〔直目の外に出る〕
参미운털이 박히다, 찍히다ともいう。

윗사람 눈 밖에 나서 승진도 못 하잖아.
上の人に嫌われて昇進もできないじゃない。

눈 씻고 찾아보다

目を皿のようにして探す/よく探す〔直目を洗って探してみる〕
参눈 씻고 찾아봐도 없다 (よく探してみてもない) の否定形でよく使われる。

마음에 드는 구석이라고는 눈을 씻고 찾아봐도 없어.
本当に気に入るところは、どう探しても見つからない。

▶ ☐の中から適当な表現を選び会話を完成させましょう。◀

| 나다　　모르다　　찾아보다　　없다　　당하다 |

❶ A : 저게 인간으로서 할 짓이야? 정말 눈 뜨고 (　　　　) 수 없는
　　참상이네.
　B : 너 눈 뜨고 있잖아.

❷ A : 눈 둘 곳을 (　　　　)네. 옷 좀 제대로 입어.
　B : 친구 사이에 무슨. 너 설마 나한테 마음 있었니?

❸ A : 몰랐니? 저 사람 눈 밖에 (　　　　)면 출세는 물 건너간
　　거야.
　B : 아니, 그런 중요한 얘기를 왜 지금 하는 거야.

❹ 아들이 널 하나도 안 닮았다고? 눈 씻고 잘 (　　　　)면 어디 한
　군데는 닮은 데가 있지 않을까?

❺ 바보들이나 빤히 보이는 사기를 눈 뜨고 (　　　　) 거라고 비웃
　었는데 그 바보가 나였다니.

‥‥‥‥ 日本語訳 ‥‥‥‥

❶ A : あれが人間としてできることなの？ホント見るに忍びない惨状だね。
　B : あなた、目開けてるじゃん。
❷ A : 目のやり場がない。ちゃんと服を着てよ。
　B : 友だちの仲なのに何を。まさかあなた、私に気があったの？
❸ A : 知らなかったの？ あの人に嫌われたら出世は水の泡だよ。
　B : 何でそんな大事な話をしてくれなかったのよ。
❹ 息子があなたにちっとも似てないって？ よーく探してみれば、似てるところがどこか一つは見つかるんじゃないかな。
❺ バカだけが見え見えの詐欺に遭うんだと笑ってたのに、そのバカが私だったとは。

答え ❶볼 ❷모르겠 ❸나 ❹찾아보 ❺당하는

눈여겨보다

注目してみる/目を凝らして見る/注意深く見る/注視する
参예의 주시하다ともいう。

처음부터 눈여겨봤는데 사람이 정말 진국이야.
初めから注目してたんだけど、まじいい人だわ。

눈/눈썹 하나 깜짝 안 하다

瞬き一つしない/眉一つ動かない/びくともしない
意動じない。動揺しない。 参끄떡(도) 안 하다ともいう。

뻔뻔하다, 뻔뻔해. 눈 하나 깜짝 안 하고 거짓말을 하네.
図々しいよね。瞬き一つしないでうそをつくんだね。

눈에 거슬리다

目障りだ/目に障る 意見ると不愉快になる。

존재 자체가 눈에 거슬리는 사람 없어?
存在自体が目障りな人、いない？

눈에 넣어도 아프지 않다

（非常にかわいくて）目に入れても痛くない 意溺愛する。
参깨물어 주고 싶다（かわいい）

생전 눈에 넣어도 안 아픈 막내딸이라고 귀여워하셨는데.
生前、目に入れても痛くない末娘とかわいがってくださったのに。

눈에 들다

〜のお眼鏡にかなう/〜に好かれる/お気に召す〔直目に入る〕
意目上の人に気に入られたり、実力を認められたりすること。

결혼 전엔 시어머니 눈에 들려고 진짜 별짓을 다 했어.
結婚の前に、姑に気に入られるためにあらゆることをしたのよ。

━◆━━◆━━◆━━◆━ **Advanced 練習** ━◆━━◆━━◆━━◆━

▶ [　　　]の中から適当な表現を選び会話を完成させましょう。◀

| 거슬리다　　　않다　　　눈여겨보다　　　하다　　　들다 |

❶ A : 대단해. 깡패들한테 둘러싸였는데도 눈 하나 깜짝 안 (　　　　)
네.

B : 잘 봐. 눈 뜨고 기절했잖아.

❷ A : 쟤는 뭘 해도 눈에 (　　　　).

B : 저쪽도 너랑 똑같은 말을 하던데?

❸ A : 윗사람 눈에 (　　　　)서 출세하려고 하지 말고 네 능력을
키울 생각을 해.

B : 남 일에 참견할 생각하지 말고 너나 잘 하세요.

❹ 네가 (　　　　)고 해서 계속 지켜봤는데 솔직히 난 네가 왜 그렇
게 그 사람한테 관심을 가지는지 모르겠어.

❺ 너도 애가 생겨 봐. 그럼 눈에 넣어도 아프지 (　　　　)는 게 무
슨 말인지 실감할 수 있을 테니까.

┈┈┈┈┈┈┈┈┈┈┈┈┈┈┈┈┈┈┈┈ 日本語訳 ┈┈┈┈┈┈┈┈┈┈┈┈┈┈┈┈┈┈┈┈

❶ A : すごい。ヤクザに囲まれてもびくともしないんだね。
B : よく見て。目を開けて気絶してるじゃん。

❷ A : あの子は何をやっても目障りだわ。
B : 向こうもあなたと同じことを言ってたんだけど。

❸ A : 上の人に気に入ってもらって出世しようとしないで、自分の能力を高める努力をして。
B : 人のことに口出ししようと思わないで、自分のことをしっかりやりなさいよ。

❹ あなたにじっくり見るように言われたのでずっと見守っていたけど、正直に私は何でそ
こまであなたがあの人に興味を持っているのか理解できない。

❺ あなたも子どもができればわかる。そうしたら目に入れても痛くないというのが、どう
いう意味なのか実感できるはずだから。

答え ❶ 하 ❷ 거슬려 ❸ 들어 ❹ 눈여겨보라 ❺ 않다

25

눈에 밟히다/어리다

(忘れられず) 目にしきりに浮かぶ/目に焼きつく〔直目に踏まれる〕

意 心配、気になって目に浮かぶ気持ちが含まれる。

参 눈에 아른거리다 (目に浮ぶ)、눈에 비치다 (目に映る)

집에 두고 온 애가 눈에 밟혀서 일에 집중이 안돼.
家においてきた子がしきりに浮かんで仕事に集中できない。

눈에 보이는 게 없다

怖いもの知らずだ〔直目に見えるものがない〕

参 안하무인 (傍若無人) 이다ともいう。

출세 좀 했다고 눈에 보이는 게 없나 보지?
ちょっと出世したからといって怖いもの知らずなの?

눈에 불을 켜다

目を光らす/目の色を変える〔直目に灯りを灯す〕

意 表情や目つきなどが変わるさま。態度や心情が大きく様変わりするさま。参 혈안이 되다ともいう。

돈 되는 일엔 눈에 불을 켜고 달려들어.
お金になることには目の色を変えて食いつくのよ。

눈에 선하다

(目の前に見るように) 鮮やかに目に浮かぶ〔直目に鮮やかだ〕

参 눈에 생생하다ともいう。

집안 꼴이 어떨지 안 봐도 눈에 선하다.
家の中がどんな状況なのか見なくてもくっきりと目に浮かぶよ。

눈에 쌍심지를 켜다

両目を血走らせる/目に角を立てる〔直目に二筋の灯心を付ける〕

意 怒って目つきを変える/激怒する。

조그만 게 눈에 쌍심지를 켜고 대들잖아.
ちいちゃいのが血走った目でつっかかってくるじゃないの。

Advanced 練習

▶ □□□ の中から適当な表現を選び会話を完成させましょう。◀

켜다 선하다 밟히다 없다 켜다

❶ A : 공부도 중요하지만 늙으신 부모님이 눈에 (　　　　)서 안 되겠어. 이번 학기 끝나면 귀국해야겠어.

　　 B : 그래, 그래. 부모님께는 그게 이유라고 말씀 드려. 근데 너 또 학점 펑크 났다며?

❷ A : 쟤는 나한테 무슨 악감정이 있는 거야? 내가 무슨 말만 하면 눈에 쌍심지를 (　　　　)고 반대를 해요.

　　 B : 괜한 트집 잡지 마. 넌 쟤가 뭘 해도 마음에 안 들잖아.

❸ A : 너 사람들이 조금 잘한다고 추켜 주니까 눈에게 보이는 게 (　　　　)나 보구나.

　　 B : 선배만 하겠어요? 전 존경하는 선배 행동 보고 배운 거예요.

❹ 속 보인다, 속 보여. 다들 처음에는 관심도 없다가 상금이 걸렸다니까 눈에 불을 (　　　　)고 이기려고 난리네.

❺ 지금도 눈에 (　　　　)해. 날마다 전쟁이라도 하듯 싸우시던 부모님 모습이.

·········· 日本語訳 ··········

❶ A : 勉強も大事だけど、年取った両親のことが心配でもうだめなの。今学期が終わったら帰国するよ。

　　 B : そう、そう。ご両親にはそれが理由だとお伝えして。ところであなた、また単位落としたんだって？

❷ A : あの子は私に嫌悪感でも抱いてるわけ？私が何かを言うと決まって目の色を変えて反対するんだよね。

　　 B : 変なケチつけないでよ。あんたはあの子が何をやっても気に食わないじゃない。

❸ A : あなた、人が少し上手っておだててあげたら怖いもん知らずになってるみたいだね。

　　 B : 先輩には及びません。尊敬する先輩の行動を見習ったんですよ。

❹ 見え見えだよ。皆最初は興味もなかったのに、賞金がかかってるって言われたら目の色変えて勝とうとしてる。

❺ 今も鮮明に目に浮かぶよ。毎日戦争みたいにケンカしてた両親の姿が。

────────────────────────────

答え ❶ 밟혀 ❷ 켜 ❸ 없 ❹ 켜 ❺ 선

눈에 익다

見慣れている/見覚えがある〔直目に慣れる〕
参눈에 설다 (見慣れていない/なじみがない)

분명히 눈에 익은 로고인데 어디서 봤더라?
確かに見覚えのあるロゴなんだけど、どこで見たっけな。

눈에 차다

非常に気に入って満足する〔直目に満ちる〕
参성에/성이 차다ともいう。

네 눈에 차는 사람이 어디 있겠니. 그냥 평생 혼자 살아라.
あなたの目にかなう人がいるの? 一生一人で暮らしたら。

눈에 콩깍지가 씌다

好きな人が一番素敵に見える〔直目に豆の柄がかぶる〕
参제 눈의 안경 (あばたもえくぼ)

내 눈에 콩깍지가 씌었었지. 저런 걸 멋있다고.
私の目がおかしくなってたの。あんなのがかっこいいと思ってたなんて。

눈에 흙이 들어가다

死ぬ/死亡して埋葬される〔直目に土が入る〕
参韓国では伝統的に土葬が多い。

내 눈에 흙이 들어가기 전에는 그 꼴 못 봐.
私の目の黒いうちに許すわけにはいかない。

눈을 감다

目をつぶる/死ぬ/見て見ぬふりをする
参눈 딱 감다 (思い切って〜する/〈他人の過ち等を見て〉目をつぶる)

눈을 감으나 뜨나 그 사람 얼굴밖에 안 떠올라.
目を閉じても開けてもあの人の顔だけが浮かぶ。

▶ ☐ の中から適当な表現を選び会話を完成させましょう。◀

| 차다 　 들어가다 　 씌다 　 감다 　 익다 |

❶ A : 분명 눈에 (　　　) 얼굴인데 누군지 생각이 안 나네.
　 B : 으이그, 사촌 얼굴도 몰라 보냐?

❷ A : 친구라면 말려야 하는 거 아냐?
　 B : 지금 눈에 콩깍지가 (　　　)데 다른 사람 말이 귀에 들어
　　 오겠어?

❸ A : 내 눈에 흙이 (　　　)기 전에는 이 결혼 인정 못 해.
　 B : 내가 결혼하는데 네 허락이 왜 필요해?.

❹ 괜찮은 사람이라고 소개를 받아도 하나같이 눈에 안 (　　　).
　 아니, 드라마에 나오는 남자들은 다 어디 있는 거야?

❺ 이번 한번만 눈 (　　　) 주면 내가 그 은혜는 절대 안 잊는다
　 니까. 너 나 못 믿어?

---------------------------------- 日本語訳 ----------------------------------

❶ A : 絶対に見覚えのある顔なんだけど、誰なのか思い出せないな。
　 B : まったく。いとこの顔もわからないの？
❷ A : 友だちなら止めるべきじゃないの？
　 B : 今その人にベタぼれなのに、他の人の話が耳に入るわけがないじゃない。
❸ A : 私が死ぬまでは、この結婚は認めない。
　 B : 私が結婚するのに何であなたの許しが必要なの？
❹ いい人だと紹介してもらっても誰一人気に入る人がいない。一体ドラマに出ている男た
　 ちは皆どこにいるの？
❺ 今回一度だけ目をつぶってくれれば、その恩は一生忘れないってば。あなた、私のこと
　 が信用できないの？

答え ❶ 익은 ❷ 씌었는 ❸ 들어가 ❹ 차 ❺ 감아

29

눈을 돌리다

目を移す/目を向ける/目をそらす
参 관심을 돌리다ともいう。

국내 말고 외국으로 한번 눈을 돌려 봐.
国内ではなく外国に目を向けてみて。

눈을 떼다

目を離す
参 한눈을 팔다 (よそ見をする)

애가 장난이 심해서 잠시도 눈을 뗄 수가 없어.
子どもがいたずらがひどくて、一時も目を離せない。

눈을 맞추다

目を合わせる/互いに視線を合わせる
参 눈이 마주치다 (目があう)

나랑 눈을 못 맞추는 걸 보니 또 사고 쳤구나.
私と目を合わせられないところを見ると、また何かしでかしたな。

눈을 부라리다/부릅뜨다

目をすごませて脅かす/脅かして目をむく/睨みつける/目を怒らす
意 怖い目つきをする。目に角を立てる。
参 노려보다, 꼬나보다ともいう。

감히 누구한테 눈을 부릅뜨고 대드는 거야?
誰に向かって目をすごませてたてつくの?

눈을 붙이다

まどろむ/少しの間眠る/ちょっとの間浅く眠る〔直目をくっつける〕意 仮眠する。少しの間うとうとする。
参 한숨 자다 (一眠りする) ともいう。

아까 잠깐 눈을 붙였더니 훨씬 견딜 만해요.
さきほど少し寝たら、はるかによくなりました。

▶ ☐ の中から適当な表現を選び会話を完成させましょう。◀

| 맞추다 | 돌리다 | 붙이다 | 부릅뜨다 | 떼다 |

❶ A：눈을 (   )고 잘 지켜봐. 둘이서 뭐 하는지.
　 B：여보, 적당히 좀 해요. 자기 딸을 못 믿어요? 누가 보면 병인 줄
　　 알겠네.

❷ A：연애할 때는 나랑 눈도 제대로 못 (   )데.
　 B：그 순진했던 날 이렇게 바꾼 게 누군데.

❸ A：현실에서 눈을 (   )지 말고 정면으로 부딪쳐.
　 B：남의 일이라고 말은 참 쉽게 한다.

❹ 잠시도 눈을 (   ) 수가 없는 박빙의 승부야. 이런 경기를
　 눈앞에서 볼 수 있다니, 내 평생 최고의 순간이야.

❺ 잠깐 눈 (   )고 오라고 했더니 퇴근을 해 버려? 아우, 무슨
　 저런 꼴통이 들어와서는.

日本語訳

❶ A：目を大きく開けてよくみてよ。二人で何をするのか。
　 B：あなた、もういい加減にしてよ。自分の娘が信用できないの？ 病気だと思われるよ。
❷ A：付き合ってたときは、私とまともに目も合わせられなかったのに。
　 B：あの純粋だった私をこう変えたのは誰なの？
❸ A：現実から目をそらさないで正面からぶつかっていってよ。
　 B：他人事だと言って簡単にいうんだよな。
❹ 一時も目を離せない抜きつ抜かれつの勝負だわ。こんな試合を目の前で見られるなんて、
　 生涯最高の瞬間だよ。
❺ ちょっと横になってきてといっただけなのに、早退したわけ？ よりによってあんなまぬ
　 けなやつが入ってきたとは。

答え ❶ 부릅뜨 ❷ 맞추었는(맞췄는) ❸ 돌리 ❹ 뗄 ❺ 붙이

動物に関する慣用表現

파리 날리다　閑古鳥が鳴く　直（店がヒマで）ハエを飛ばす

잘될 거라고 큰소리 뻥뻥 치더니 파리만 날리네.
うまくいくと大口を叩いたけど、閑古鳥が鳴いてるんだね。

날개가 돋치다　飛ぶように売れる　直翼が生える

작년에 날개 돋친 듯 팔린 상품이 올해는 완전 찬밥 신세네.
去年飛ぶように売れた商品が今年はすっかり厄介者扱いだね。

꼬리에 꼬리를 물다　疑問や事件などが相次ぐ　直尾が尾をかむ

꼬리에 꼬리를 물고 드러나는 비리를 파헤치다!
次から次へ露呈する不正を暴く！

쥐구멍을 찾다　穴があったら入りたい　直ネズミの穴を探す

너무 창피해서 쥐구멍이라도 찾고 싶었어.
あまりの恥ずかしさにネズミの穴でもあったら入りたいよ。

꼬리를 내리다　尻尾を巻く / 降参する　直尻尾を下ろす

봤지? 내 앞에서 바로 꼬리를 내리는 거.
見たろ？私の前ですぐ尻尾を巻くのを。

독 안에 든 쥐　袋のネズミ　直甕に入ったネズミ

넌 독 안에 든 쥐야. 그만 포기하고 항복해.
お前は袋のネズミだ。いい加減あきらめて降参しろ。

쥐도 새도 모르게　（誰にもわからないように）こっそり / 密かに
直ネズミも鳥も分からないように

그렇게 까불다 쥐도 새도 모르게 당하는 수가 있어.
調子に乗ってたら誰にも知れずこっそりやられるかもよ。

第3章

目に関する
慣用表現2

- 눈을 속이다
- 눈을 의심하다
- 눈을 피하다
- 눈을 흘기다
- 눈이 가다
- 눈이 낮다/높다
- 눈이 뒤집히다
- 눈이 뚫어지게 보다
- (보는) 눈이 많다
- 눈이 맞다
- 눈이 멀다
- 눈이 빠지도록/빠지게 기다리다
- 눈이 삐다

- 눈이 (시)뻘겋다
- 눈이 시퍼렇다
- 눈이 팔리다
- 눈이 풀리다
- 눈이 침침하다
- 눈이 튀어나오다
- 눈이 휘둥그레지다
- 눈이 호강하다
- 눈길을 끌다/사로잡다
- 눈꼴사납다
- 눈꼴시다
- 눈독을 들이다

눈을 속이다

目をくらます/目を盗む
意 他人に分からないようにする。他人の目をだます。

다른 사람 눈은 속여도 내 눈은 못 속이지.
他人の目はだませても私の目はだませない。

눈을 의심하다

目を疑う

정말 같은 사람이 맞나 내 눈을 의심했다니까.
本当に同じ人なのか、自分の目を疑ったわよ。

눈을 피하다

目を避ける
意 ①見ていられなくて、視線を逸らす。②関わり合いになることを避ける。逃避する。 参 시선을 피하다ともいう。

사람들 눈을 피해서 몰래 만나자고? 왜? 뭐가 무서워서?
人目を避けてこっそり会おうって? 何で? 何が怖くて?

눈을 흘기다

横目でにらみつける
参 째려보다, 흘겨보다, 꼬나보다ともいう。

눈 흘기지 말고 불만이 있으면 말로 해.
横目でにらみつけないで不満があるなら言ってよ。

눈이 가다

目が行く/視線が向く
参 시선이 가다, 눈길이 가다ともいう。

별로 예쁜 얼굴도 아닌데 이상하게 자꾸 눈이 가.
大してきれいな顔でもないのに妙に目が行く。

▶ ☐ の中から適当な表現を選び会話を完成させましょう。◀

의심하다　가다　흘기다　속이다　피하다

❶ A : 내 눈은 못 (　　　)니까. 쟤들 절대 미성년자야.
　 B : 그래서? 우리가 단속반이야?

❷ A : 당신, 내 눈을 (　　　) 걸 보니 또 뭐 잘못했구나.
　 B : 진짜 귀신이네, 귀신이야. 아예 돗자리 깔아라.

❸ A : 어떻게 눈 (　　　) 모습까지 저렇게 예쁠까?
　 B : 그래, 지금은 뭔들 안 예쁘겠니.

❹ 싼 쪽으로는 눈이 안 (　　　)고 자꾸 비싼 것만 보게 돼. 왜 내 지갑은 이렇게 가벼워서 날 슬프게 하는 걸까?

❺ 친구 결혼식에 갔다가 신랑 얼굴을 보는 순간 내 눈을 (　　　)어. 지금 나랑 사귀는 사람이 왜 저기 서 있는 거야?

日本語訳
---

❶ A : 私の目はごまかせないって。あの子たち、絶対に未成年だわ。
　 B : だったら何よ。私たちが取り締まり班なの？
❷ A : あなた、私の目を避けるのを見るとまたなんか仕出かしたんだな。
　 B : ほんと神がかってるわね。いっそ占い師になったら（←ござを敷く）。
❸ A : どうやったら横目でにらみつける姿まであんなにきれいなんだろ。
　 B : そうよね。今はどんな姿でも全部きれいに見えるんだよね。
❹ 安い方には目がいかず、ずっと高いものばかり見ちゃう。何で私の財布はすっからかんで私をこんなにも悲しませるのかな。
❺ 友だちの結婚式に行って、新郎の顔をみた瞬間自分の目を疑ったわ。今私と付き合ってる人が、なぜあそこに立っているわけ？

答え ❶속인다 ❷피하는 ❸흘기는 ❹가 ❺의심했

눈이 낮다/높다

見る目がない/ある〔直目が低い/高い〕
参 눈이 낮다는 보는 눈이 없다ともいう。안목이 낮다/높다 (眼目が低い/高い)

눈이 너무 높아도 탈이지만 낮은 것도 문제네.
理想が高すぎるのも問題だが、低すぎても問題だね。

눈이 뒤집히다

(悪いことなどに心を奪われて) 目がくらむ/理性を失う/気が狂う〔直目がひっくり返る〕 意 精神状態が異常な状態になる。気がおかしくなる。 参 환장하다, 미치다, 돌아 버리다, 이성을 잃다ともいう。

쟤는 그 사람 말만 나오면 눈이 뒤집히는 애잖아.
あの子はあの人の話になると理性を失うじゃない。

눈이 뚫어지게 보다

凝視する/じっと見つめる〔直 (穴があくほど) 見る〕

아기가 날 좋아하나 봐. 눈이 뚫어지게 쳐다보네.
赤ちゃんが私のことが好きみたい。じっと見つめてるわよ。

(보는) 눈이 많다

見ている人が多い/人目が多い

이렇게 보는 눈이 많은 데서 진상 짓을 하면 어떡해?
こんなに人目が多いところでみっともない行動をしたらダメでしょ。

눈이 맞다

恋におちる/お互いに好きになる〔直目が合う〕
意 男女の間で互いに愛情が通じ合う。

둘이 눈 맞아서 바람 피더니 이젠 이혼해 달래.
二人が好きになって浮気をしたあげく、離婚してくれって。

▶ ☐ の中から適当な表現を選び会話を完成させましょう。◀

뒤집히다　　보다　　많다　　맞다　　높다/낮다

❶ A : 반값이라는 말에 다들 눈이 (　　　　　　)서 달려드는 거야.
　　B : 그 중의 한 명이 너였거든.

❷ A : 우리가 무슨 영화 찍냐? 이렇게 보는 눈이 (　　　　) 데서 애
　　정 표현을 어떻게 해?
　　B : 보고 싶으면 보라 그래. 뭐가 문제야? 너 설마 내가 창피한 거
　　야?

❸ A : 아니, 나를 두고 어떻게 둘이 눈이 (　　　　) 수가 있어?
　　B : 누가 들으면 네 남자 뺏긴 줄 알겠네.

❹ 넌 물건 보는 눈은 (　　　　　　)데 남자 보는 눈은 왜 그렇게
　　(　　　　　)? 도대체 뭐가 문제인 거야?

❺ 그렇게 눈이 뚫어지게 (　　　　　)고 월급 명세서의 금액이 바뀌
　　기라도 한다니?

.... 日本語訳 ....

❶ A : 半額っていう言葉に皆理性を失って飛びついたのよ。
　　B : その中の一人があなただったの。
❷ A : 俺たち、映画でも撮ってるの? こんなに人目が多いところで愛情表現なんかできない。
　　B : 見たければ見ればいい。何が問題なの? まさかあなた、私のことが恥ずかしいの?
❸ A : この私がいるのに、二人でなれあうなんておかしいじゃない。
　　B : 知らない人が聞くと、あなたの男を取られたと思うかもね。
❹ あなたは物を見る目はあるのに、男を見る目は何でそんなにないの? 一体何が問題な
　の?
❺ そうやってガン見したら給料明細の金額が変わるわけ?

答え ❶ 뒤집혀 ❷ 많은 ❸ 맞을 ❹ 높은, 낮아/낮니 ❺ 본다

눈이 멀다

視力を失う/熱中する/目がくらむ
意欲望を強く刺激するものを前に、冷静な判断ができなくなる。参멀다(視力か聴力を失う)、귀가 멀다(聴力を失う)
나도 뭔가에 한번 눈이 멀어 보고 싶어. 뜨겁게.
私も何かに一度目がくらんでみたい。熱く(激しく)。

눈이 빠지도록/빠지게 기다리다

首を長くして待ち焦がれる〔直目が取れるほど待つ〕
意今か今かと期待しながら待つさま。
参학수고대하다, 목이 빠지다ともいう。
이 날이 오기만을 눈이 빠지게 기다렸어!
この日が訪れるのを首を長くして待ち焦がれてたわ。

눈이 삐다

(見誤ったときなど)目がどうかしている/見る目がおかしい
〔直目がひねる〕参눈깔이 삐다ともいう。
내 눈이 삐었지. 저런 인간을 믿다니.
目がどうかしてたわ。あんな人間を信用するなんて。

눈이 (시)뻘겋다

(貪欲で)目が血走る/血眼になる〔直目が真っ赤だ〕
意ある目的のために我を忘れて集中すること。
밤새도록 놀고는 눈이 시뻘개서 출근을 해?
夜明かしして遊んでは目を血走らせて出勤をする?

눈이 시퍼렇다

(生きていて)ぴんぴんしている〔直目が真っ青だ〕
参시퍼렇게 살아 있다ともいう。
내 눈이 시퍼런 동안은 절대 허락 못 해.
私が元気な間は絶対許さない。

Advanced 練習

► ____の中から適当な表現を選び会話を完成させましょう。◄

| 기다리다 | 시뻘겋다 | 멀다 | 삐다 | 시퍼렇다 |

❶ A : 출세에 눈이 (   )서 친구를 배신해?

B : 넌 사랑에 눈이 (   )서 날 배신했잖아.

❷ A : 눈이 (   )었지. 어떻게 저런 모습이 멋있어 보였을까?

B : 그러게. 조금만 일찍 깨달았어도 인생이 달라졌을 텐데.

❸ A : 정말 죄송한데요. 아버지가 위독하시다는 연락이 와서 급하게
가 봐야 할 것 같아요.

B : 두 눈 (   )게 살아 있는 아버지까지 팔면서 일찍 가야
하는 이유가 뭐야?

❹ 생일날, 내가 집에서 눈이 빠지게 (   ) 줄 뻔히 알면서도 연
락도 없이 딴 데로 새다니, 죽었어.

❺ 너 노름하는 사람들 눈 본 적 있어? 눈이 (   )서는 제정신
이 아닌 것 같잖아. 너 지금 거울 보면 볼 수 있을 거야.

⋯⋯⋯⋯⋯⋯⋯⋯⋯⋯ 日本語訳 ⋯⋯⋯⋯⋯⋯⋯⋯⋯⋯

❶ A : 出世に目がくらんで友だちを裏切るなんて。

B : あなたは愛に目がくらんで私を裏切ったじゃない。

❷ A : 目がどうにかしてたわ。あんな姿がカッコよく見えてたなんて。

B : だよね。もうちょっと早く気付いてれば人生が変わってたかもね。

❸ A : 本当に申し訳ございませんが、父が危篤だと連絡がきて急いで行かなければなりま
せん。

B : ぴんぴんしているお父様まで言い訳に使って早く帰る理由は何なの?

❹ 誕生日に私が家で首を長くして待ってるのを知っていながら、連絡なしで他所に行くな
んて、殺してやる。

❺ 博打する人の目、見たことある? 目が血走って正気ではない様子じゃない。あなた今鏡
を見るとそれが見えるはずだよ。

⋯⋯

答え ❶ 멀어, 멀어 ❷ 삐었 ❸ 시퍼렇 ❹ 기다리는 ❺ 시뻘개

눈이 팔리다

目を奪われる/つい目が行く〔直目が売れる〕
参눈을 팔다 (よそ見をする)、정신이 팔리다 (気を取られる)

어디에 눈이 팔려서는 차가 오는 줄도 모르는 거야?
どこに目を奪われて、車が来たことにも気づかないのよ。

눈이 풀리다

目がとろんとする〔直瞳孔/目が緩む〕
参눈동자가 풀리다ともいう。동태눈/동태 눈깔 (〈死んだ魚の目のように〉どんよりした目)

눈동자가 풀린 게 꼭 약한 사람 같더라니까.
目が死んでるのがまるでドラッグやっている人みたいだったってば。

눈이 침침하다

目がかすむ/目がかすんではっきり見えない
参눈이 흐릿하다ともいう。

눈이 침침하면 고집부리지 말고 돋보기를 써.
目がかすんでるなら意地張らないでルーペを使ってよ。

눈이 튀어나오다

(びっくりして) 目が飛び出る
参눈깔/눈알 튀어나오다ともいう。

가격 보고 놀라서 눈 튀어나오는 줄 알았다니까.
値段を見てびっくりして目が飛び出るかと思ったってば。

눈이 휘둥그레지다

驚いて目が丸くなる/びっくりする
参깜짝 놀라다 (깜놀)、입이 벌어지다ともいう。

퉁퉁 부은 내 얼굴을 보고는 모두 눈이 휘둥그레졌어.
パンパンに腫れ上がった私の顔を見ては、皆驚いて目が丸くなったのよ。

▶ ☐ の中から適当な表現を選び会話を完成させましょう。◀

| 풀리다 침침하다 휘둥그레지다 튀어나오다 팔리다 |

❶ A : 눈이 ( )서 더는 못 하겠어.
   B : 시작한 지 아직 한 시간도 안 됐거든. 안약을 넣어.

❷ A : 이게 그렇게 눈 ( ) 정도로 놀랄 일이야?
   B : 나 연예인이랑 얘기해 보는 건 처음이란 말이야. 왜 진작에 얘기 안 해 줬어?

❸ A : 첫인상만 보면 눈이 ( )서 맹한 얼굴에 하는 행동도 어리바리하잖아.
   B : 내 말이. 누가 저 사람을 보고 천재인 줄 알겠어?

❹ 그 말을 듣고 눈이 ( ) 걸 보니 걔도 정말 몰랐던 모양이던데?

❺ 젊은 여자한테 눈이 ( )서 교통사고를 내다니, 망신살이 뻗쳤지.

-- 日本語訳 --

❶ A : 目がかすんでてこれ以上はできないよ。
   B : 始まってまだ一時間も経ってないわよ。目薬をさして。
❷ A : これがそんなに目の玉が飛び出るほどびっくりすることなの？
   B : 芸能人と話してみるのは初めてだよ。何で早く教えてくれなかったのよ。
❸ A : 第一印象だけ見れば、目が死んでてぼけっとした顔に行動もとろいじゃない。
   B : だよね。誰があの人を見て天才だと思えるのよ。
❹ そのことを聞いて驚いて目が丸くなるのを見るとあの子も本当に知らなかったみたいなんだけど。
❺ 若い女性に目を奪われて交通事故を起こすなんて。とんだ恥さらしだわ。

答え ❶ 침침해 ❷ 튀어나올 ❸ 풀려 ❹ 휘둥그레지는 ❺ 팔려

눈이 호강하다

目の保養になる/眼福を得る〔直目が贅沢する〕
意美しいものやきれいなものを見て楽しむこと。

진짜 어디를 봐도 다 훈남뿐이야. 오늘 내 눈이 아주 호강하네.
ホントどこをみても皆イケメンばかりだわ。今日は目の保養になるわね。

눈길을 끌다/사로잡다

目を引く/人目を集める/目を奪う
参눈에 띄다 (目に付く)、눈길을 모으다, 주목을 끌다, 시선을 사로잡다ともいう。

나처럼 가만히 있어도 눈길을 사로잡는 사람 있잖아.
私みたいに黙っていても注目される人いるじゃない。

눈꼴사납다

(態度・行為などが) 癪に障るほど憎らしい/目に余る/みっともない 意程度がひどくて黙ってみていられない。
参꼴사납다, 볼썽사납다, 꼴불견이다ともいう。

내가 잘난 척 하는 게 눈꼴사나우면 너도 출세해.
私が威張ってるのが目に余るならあなたも出世しろよ。

눈꼴시다

ムカつく/胸くそが悪い/目に障る
意胸がむかむかするほど不快である。いまいましい。
参아니꼽다ともいう。

쟤 하는 짓 눈꼴시어서 못 참겠어. 나 먼저 갈게.
あの子の行動がムカついて我慢できない。先に帰るわ。

눈독을 들이다

目星を付ける/物欲しげに見る 意目当てを付けること。
参점찍다 (目を付ける) ともいう。俗語として찜하다, 침 발라 놓다 (唾を付けておく)、有名な方言に찌뽕하다がある。

내가 계속 눈독 들이고 있던 후배인 줄 몰랐어?
私がずっと気にかけていた後輩だと知らなかったの?

► ☐の中から適当な表現を選び会話を完成させましょう。◄

| 끌다　　눈꼴사납다　　호강하다　　들이다　　눈꼴시다 |

❶ A : 은근히 눈길을 (　　　　　) 타입이란 말이야.

  B : 신경 꺼. 저쪽은 너한테 아무 관심 없거든.

❷ A : 아버지가 의원이지, 지가 의원이야? 어디서 갑질이야? 진짜
   (　　　　　)서 못 봐 주겠네.

  B : 아들이 아버지 망신 다 시키는 거지.

❸ A : 소문에 듣던 대로 여기 진짜 물 좋은 것 같아. 저기 저 사람 연
   예인 아냐?

  B : 눈만 (　　　　　)면 뭐 해? 난 입이 호강했으면 좋겠네.

❹ 쟤네 둘 또 붙어 있네. 아니, 짝 없는 사람 서러워서 살겠어? 진짜
   (　　　　　)서 못 보겠네.

❺ 이거에 눈독 (　　　　　) 사람이 한둘인 줄 알아? 꿈 깨. 나 죽기
   전에는 어림도 없어.

⋯⋯⋯⋯⋯⋯⋯⋯⋯⋯⋯⋯⋯⋯⋯ 日本語訳 ⋯⋯⋯⋯⋯⋯⋯⋯⋯⋯⋯⋯⋯⋯⋯

❶ A : 妙に目が行くタイプなんだよね。
  B : 関係ない (気をつけて?)。あっちはあなたにちっとも興味ないんだから。
❷ A : 父親が議員なだけで、自分は違うじゃん。何の権利があってパワハラなの?マジでみっ
    ともなくて見てられない。
  B : 息子が父親の顔に泥を塗ってるのよ。
❸ A : 噂に聞いた通り、ここ本当にイケてるわね。あそこのあの人芸能人じゃない?
  B : 目の保養になるだけで何なのよ。私は口の保養がいいなあ。
❹ あの二人またべったりくっついてるんだね。恋人のいない人は寂しくてどうしろってこと
  なの? ムカついて見てられない。
❺ これを狙ってる人が何人だと思ってるの?あきらめなさい。私が死ぬ前はあり得ない。

答え ❶ 끄는　❷ 눈꼴사나워　❸ 호강하　❹ 눈꼴시어　❺ 들이는

行動に関する慣用表現

진땀을 빼다　脂汗 / 冷や汗をかく

진상 손님 상대하느라 진땀을 뺐다니까요.
クレーマーの相手をしてて脂汗をかきましたよ。

시치미를 떼다　とぼける / しらばっくれる / 白を切る

시치미 떼면 내가 모를 줄 알아?
しらばっくれれば、私がだまされるとでも思うの?

담(을) 쌓다　関係を断つ / 縁を切る　⬛塀を築く

난 공부랑은 담 쌓았잖아. 물을 사람한테 물어라.
私は勉強はあきらめたじゃない。聞くべき人に聞いて。

덜미를 잡히다　証拠を握られる / 悪事がばれる　⬛首根っこを押さえられる〕

사기 치다가 덜미를 잡혀서 지금 콩밥 먹고 있어.
詐欺を働こうとしたのがばれちゃって、今くさい飯食っている。

뿌리를 뽑다　根を断つ

범죄의 뿌리를 뽑는다고? 꿈꾸냐?
犯罪の根を断つんだと? 夢でも見てるの?

뜬구름을 잡다　不可能なことをする / 雲をつかむようだ　⬛浮いている雲をつかむ

뜬구름 잡는 얘기하지 말고 현실적인 얘기를 해.
現実味のない話はやめて、現実的な話をしてよ。

바가지를 쓰다　ぼったくられる　⬛ひさごをかぶる

뭐야? 바보 같이 나 또 바가지 쓴 거야?
何?バカみたいに私またぼったくられたの?

第**4**章

目に関する
慣用表現3

- 눈물겹다
- 눈물 없이 못 보다
- 눈물로 보내다
- 눈물을 닦다/훔치다
- 눈물을 머금다/삼키다
- 눈물을 터뜨리다
- 눈물을 펑펑 쏟다
- 눈물을 글썽이다
- 눈물이 글썽글썽하다
- 눈물이 많다/헤프다
- 눈물이 앞을 가리다
- 눈물이 핑 돌다
- 눈살을 찌푸리다

- 눈앞이 캄캄하다/깜깜하다
- 눈썰미가 좋다
- 눈웃음치다
- 눈짓(을) 하다
- 눈총을 받다/주다
- 눈치가 보이다
- 눈치가 빠르다
- 눈치가 있다/없다
- 눈치를 보다/살피다
- 눈치를 채다
- 눈칫밥을 먹다
- 눈코 뜰 사이 없다

눈물겹다

涙ぐましい/泣ける〔直涙を抑えがたい〕
意①関心や同情のあまり、思わず涙が出そうである。②自然と涙を催しそうである。 参눈물겹도록 (涙が出るほど)

눈물겹다. 월급 받아 방세 내고 나면 끝이네.
泣けるね。給料もらっても家賃払うと終わりだね。

눈물 없이 못 보다

涙なしでは見られない
参 (마음이) 짠하다 (胸が痛い)

진짜 가관이네. 눈물 없이 못 봐 주겠다, 진짜.
ホント見ちゃいられないね。涙なしでは見られない。

눈물로 보내다

泣き暮らす/涙で明け涙で暮れる〔直涙で暮らす〕
意一日中泣いて過ごす。毎日泣いてばかりいる。

눈물로 세월을 보낸다고 그 인간이 돌아오니?
泣き暮らしていたら、あの人が帰ってくるの?

눈물을 닦다/훔치다

涙をふく

네 코 풀던 손수건으로 눈물을 닦으라는 거야?
鼻をかんでたハンカチで涙をふけっていうの?

눈물을 머금다/삼키다

涙を呑む
意泣きたいほどの残念な気持ちをぐっとこらえる。
参울음을 삼키다, 눈물을 참다ともいう。

눈물을 머금고 돌아서는 내 마음을 네가 알겠니?
涙を呑んで背を向ける私の気持ちがあなたにわかるの。

▶ ☐ の中から適当な表現を選び会話を完成させましょう。◀

| 닦다　　보다　　눈물겹다　　머금다　　보내다 |

❶ A : 이걸로 눈물이나 (　　　　)아.
　　B : 고마워. 응? 근데 너 이거 언제 마지막으로 세탁했니?

❷ A : 진짜 내가 눈물을 (　　　　)고 양보하는 거야.
　　B : 빵 하나 가지고 그렇게 생색을 내야겠니?

❸ A : 진짜 눈물 없이 못 (　　　　) 광경이네.
　　B : 모르는 사람이 보면 며칠 여행 가는 게 아니라 영원히 이별하
　　　　는 줄 알겠다.

❹ 속 썩이는 아버지 때문에 한평생을 눈물로 (　　　　)신 어머니.
　　그런 어머니가 이해 안돼서 반항도 많이 했지.

❺ 세상에 너보다 (　　　　) 사연들이 얼마나 많은 줄 알아? 네가
　　제일 불행하다고 생각해? 웃기지 마.

- 日本語訳 -

❶ A : これで涙でも拭けよ。
　　B : ありがとう。うん？ ところでこれ、いつ最後に洗ったの？
❷ A : まじで私が涙を呑んで譲るのよ。
　　B : たかがパン一個で大げさなんだから。
❸ A : 本当に涙なしでは見られない光景だね。
　　B : 事情を知らない人が見たら、数日間の旅行ではなく永遠の別れだと思われるでしょ
　　　　うね。
❹ 心配ばかりかける父さんのせいで一生泣き暮らした母さん。そんな母さんが理解できず
　　反抗もしたんだよな。
❺ 世の中にはあなたよりも涙ぐましい事情がどれほどあるかわかるの？ 自分が一番不幸
　　だと思ってる？ 笑わせないで。

答え ❶ 닦　❷ 머금　❸ 볼　❹ 보내　❺ 눈물겨운

눈물을 터뜨리다

わっと泣き出す〔直涙を噴き出す〕
参울음을 터뜨리다ともいう。

기자회견 도중에 갑자기 눈물을 터트리지 뭐야.
記者会見の途中、いきなりわっと泣き出すじゃない。

눈물을 펑펑 쏟다

涙をボロボロ流す/大泣きする/号泣する

합격 발표 보고 너무 기뻐서 눈물을 펑펑 쏟았어.
合格発表を見て嬉しさのあまりに涙をボロボロ流したよ。

눈물을 글썽이다

涙がにじむ/涙を浮かべる
参눈물이 어리다/맺히다ともいう。눈물짓다 (涙する)

그런 미인이 눈물을 글썽이며 부탁하는데 그럼 어떡해.
あんな美人に涙を浮かべて頼まれたら仕方がないじゃない。

눈물이 글썽글썽하다

目に涙をためる/ウルウルする
意いまにも泣き出しそうになる。涙ぐむ。

무서워서 눈물이 글썽글썽하면서도 자기는 괜찮대.
怖くてウルウルしてるくせに、自分は大丈夫って。

눈물이 많다/헤프다

涙もろい〔直涙が多い〕
参울보 (泣き虫)

그래, 기억나. 유달리 눈물이 많은 아이였지.
そう、思い出した。ひときわ涙もろい子だった。

48

► の中から適当な表現を選び会話を完成させましょう。◄

| 글썽글썽하다　　터뜨리다　　많다　　쏟다　　글썽이다 |

❶ A : 네 남친 또 운다. 천연기념물이야, 진짜.
　　B : 저렇게 눈물이 (　　　　)서 군대나 갈 수 있을까 몰라.

❷ A : 왜 내가 뭔 말만 하면 눈물을 (　　　　) 거야?
　　B : 넌 사람 마음을 확 쑤시는 말을 하거든.

❸ A : 그럼 어떡해. 애가 눈에 눈물을 (　　　　)면서 갖고 싶다는데.
　　B : 그거 걔 상투 수단이잖아. 진짜 누구를 닮은 건지.

❹ 그 큰 눈에 눈물이 (　　　　)서는 한번만 더 도와 달라는데 그 걸 외면할 수가 있어야지. 아, 나 또 당한 거야?

❺ 맨날 화면에서만 보다가 팬 미팅에서 실물을 보는 순간 감정이 격해져서 나도 모르게 그만 눈물을 펑펑 (　　　　)니까.

日本語訳

❶ A : あなたの彼氏、また泣いてるよ。天然記念物だわ、マジで。
　　B : あんなに涙もろくて兵役に付けるかしら。
❷ A : 何で私が何かを言うたびに泣き出すわけ？
　　B : あなたは人の心をグサッと刺すことを言うのよ。
❸ A : 仕方ないじゃない。子どもが目に涙を浮かべて、ほしいって言うんだから。
　　B : それがあの子の常とう手段だよ。まったく誰に似てるのか。
❹ あの大きい目に涙をうるうるさせて、もう一度だけ助けてくれと言われたら断れないじゃん。あ、私またやられたの？
❺ いつも画面でしか見たことなかったのに、ファンミで実物を見た瞬間、感情がこみあげてつい思わず涙がボロボロ流れたのよ。

答え　❶많아　❷터뜨리는　❸글썽이　❹글썽글썽해　❺쏟았다

49

눈물이 앞을 가리다

涙が絶え間なく流れる/涙がとめどなく流れる〔直涙が目の前を遮る〕

눈물이 앞을 가려서 마지막 인사도 제대로 못 했어요.
涙が目にあふれて最後の挨拶もまともにできませんでした。

눈물이 핑 돌다

涙がじんとにじむ/涙が浮かぶ/目頭が熱くなる
参눈시울이 붉어지다ともいう。

어깨가 축 처진 아버지 뒷모습에 눈물이 핑 도는 거야.
肩をがくっと落としたお父さんの後姿にじんと涙ぐむのよ。

눈살을 찌푸리다

眉をひそめる/眉間にしわを寄せる
参인상을 쓰다, 얼굴을 찡그리다ともいう。

눈살 찌푸릴 일도 아니야. 요즘 애들은 다 저래.
眉をひそめることでもない。近頃の子は皆ああなの。

눈앞이 캄캄하다/깜깜하다

目の前が暗くなる/途方に暮れる〔直目の前が真っ暗だ〕
意大変な状況に置かれる 参앞이 캄캄하다 (お先真っ暗だ)、어찌할 바를 모르다, 망연자실하다ともいう。

막차를 탔는데 눈 떠 보니까 종점인 거야. 눈앞이 깜깜했어.
終電に乗ったんだけど起きたら終着駅だったの。目の前真っ暗になったよ。

눈썰미가 좋다

見よう見まねが上手だ
参눈썰미 (見ただけですぐ覚える技/まね/見よう見まね)

역시 눈썰미가 좋아서 금방 배우네.
さすが見よう見まねが上手だからすぐ覚えるんだね。

▶ [   ]の中から適当な表現を選び会話を完成させましょう。◀

찌푸리다   가리다   좋다   캄캄하다   돌다

❶ A : 이런 것도 모르냐는 말에 눈물이 핑 (   ) 거야.
  B : 사회생활하다 보면 그 정도는 아무 것도 아냐.

❷ A : 너 눈썰미 진짜 (   )다. 어떻게 한번 보고 금방 배우니?
  B : 내가 못하는 게 있겠어? 이런 것 정도야 누워서 떡 먹기지.

❸ A : 그 일을 생각하면 지금도 눈물이 앞을 (   )다.
  B : 또 시작이네. 내가 미쳤지. 그 얘기를 왜 꺼내서는.

❹ 실수 한번 한 걸로 회사에서 잘리다니, 내일부터 뭐 해 먹고 살지?
  눈앞이 (   )네.

❺ 눈살만 (   )지 말고 마음에 안 들면 직접 하시든가. 입으로
  는 뭐를 못 해.

.... 日本語訳 ....

❶ A : こんなことも知らないのかという言葉に涙が出そうだった .
  B : 社会人生活を送ってるとそれくらいはどうってことでもない。
❷ A : 見よう見まねが上手だね。どうすれば一度だけ見てすぐ覚えるわけ？
  B : 私は何でもよくできるじゃない。この程度は朝飯前よ。
❸ A : あのことを思うと今でもとめどなく涙が流れる。
  B : また始まったわ。私がバカだわ。あの話を切り出すなんて。
❹ 一度ミスしただけで会社を首になるなんて。明日からどうやって生活すればいいの？目
  の前が真っ暗だな。
❺ 眉をひそめてないで気に入らないなら自分でやれば。口では何とでも言えるでしょ。

答え ❶ 도는 ❷ 좋 ❸ 가린 ❹ 캄캄하 ❺ 찌푸리

눈웃음치다

（人の気を引こうとして）目でそっと笑う/色目を使う

慝異性に気があるような目つきや、物事に興味があるような態度のこと。参눈웃음을 살랑살랑 치다とよくいう。꼬리(를) 치다（誘惑する）、추파를 던지다（色目を使う）

착각도 유분수지, 내가 언제 댁한테 눈웃음을 쳤어요?

勘違いもほどほどだわ。私がいつ色目を使ったんですか。

눈짓(을) 하다

目くばせする/目で合図する 意目を動かして、意思を伝えたり合図をしたりすること。参신호를 하다（合図をする）。눈치를 주다（目でそれとなく気配を送る）

둘이서 눈짓을 하더니 몰래 빠져나가더라니까.

二人で目配せをしてはこっそり抜け出したんだよ。

눈총을 받다/주다

（他人から）きつい目でにらまれる/（憎らしげに）にらみつける

参눈총（人を射るようなまなざし/にらみつける目つき）

애한테 얼마나 눈총을 줬길래 저렇게 기를 못 펴?

子どもにどれほどきつくしたらあんなにめげるわけ？

눈치가 보이다

人目が気になる/いやがる気色が見える

参눈치（素振り/機転/勘/様子/顔色/センス）、싫은 눈치 하나 보이지 않다（嫌な顔一つ見せない）もよく使われる。

난 노약자석은 눈치가 보여서 못 앉아 있겠던데.

私は優先席は人目が気になって座れないんだけどね。

눈치가 빠르다

察しがいい/気づくのが早い〔直察しが早い〕

意その場の状況に応じて素早く適切な判断や行動ができること。

쟨 눈치가 빨라서 일일이 말을 안 해도 되니까 편해.

あの子は察しがよくて、いちいち言わなくてもいいから楽なの。

▶ ☐ の中から適当な表現を選び会話を完成させましょう。◀

| 주다   보이다   눈웃음치다   빠르다   하다 |

❶ A : 넌 먹는데 왜 자꾸 눈총을 (   ) 거야?
　 B : 너만 입이냐? 너만 입이야?

❷ A : 맨날 얻어 먹으려니까 눈치가 (   )네.
　 B : 마음에도 없는 소리하지 마. 그게 더 얄미우니까.

❸ A : 쟤, 남자만 보면 (   ) 거 진짜 꼴불견이야.
　 B : 넌 자기 행동은 전혀 자각 못 하지?

❹ 조용히 입 다물고 있으라고 그렇게 눈짓을 (   )데도 나불 나불 다 불다니.

❺ 그 눈빛은 지금 내가 데이트 방해하고 있다는 거지? 내가 눈치 하나는 (   ) 사람이야. 걱정 마. 간다, 가.

日本語訳

❶ A : 食べてるときに、何でずっとにらみつけるのよ。
　 B : あなただけ食べるの？それでいいの？
❷ A : 毎回おごってもらうのも人目が気になるんだね。
　 B : 心にもないこと言うな。そっちの方が余計憎たらしいから。
❸ A : あの子が男をみると色目を使うの、本当にみっともないわよ。
　 B : あなたは自分の行動は全く自覚してないんだよな。
❹ 静かに口をつぐんでいるよう、あんなに目で合図したのにべらべら全部しゃべっちゃうなんて。
❺ その目は今私がデートの邪魔をしているって意味よね。私は、察しは良い方なのよ。心配しないで。帰るわ。

答え ❶ 주는　❷ 보이　❸ 눈웃음치는　❹ 하는　❺ 빠른

눈치가 있다/없다

センスがある/気が利く/機転が利く〔直察しがある〕
センスがない/勘が鈍い/機転がきかない〔直察しがない〕

분위기 파악 못 하게 생겼는데 의외로 눈치 있네.
空気読めない印象なのに、意外と機転が利くね。

눈치를 보다/살피다

人の顔色を窺う/探る
意相手のご機嫌を窺う。顔色を見る。

사람 눈치만 살피지 말고 할 말 있으면 빨랑 해.
顔色ばかり窺わないで、言いたいことがあったらさっさと言ってよ。

눈치를 채다

感じ取る/気づく/感づく
意雰囲気から察する。
参알아차리다/알아채다ともいう。

눈치를 못 챌 거라고 생각한 네가 이상한 거야.
気づかれないと思ってたあなたがおかしいのよ。

눈칫밥을 먹다

肩身が狭い/気兼ねしながら食事をする
参눈칫밥（気兼ねしながら食べるご飯/居候のご飯）

눈칫밥을 많이 먹고 자라서 그런지 식탐이 좀 있어.
肩身の狭い生活をしてきたからか、食い意地が張るのよ。

눈코 뜰 사이 없다

目が回るほど忙しい〔直目も鼻も開ける間がない/目を開けたり鼻を広げたるする暇さえない〕
参눈코 뜰 새 없다, 몸이 열 개라도 모자라다, 눈이 돌다ともいう。

눈코 뜰 사이 없이 바빠 죽겠는데 왜 자꾸 전화질이야?
目が回るほど忙しいのに、何で何度も電話してくるのよ。

✦—✦—✦—✦—✦—✦ **Advanced 練習** —✦—✦—✦—✦—✦

▶ ☐ の中から適当な表現を選び会話を完成させましょう。◀

채다　　있다　　먹다　　없다　　보다

❶ A：아무래도 눈치를 (　　　　) 것 같지?
B：그거 눈치 못 채면 바보지. 그리고 쟤가 원래 눈치 하나는 비상하잖아.

❷ A：파리 날리는 것도 지겹다. 손님 좀 안 오나?
B：눈코 뜰 사이 (　　　　) 바쁠 때는 손님 좀 오지 말라더니.

❸ A：넌 나이가 몇인데 언제까지 집에서 빈둥댈 거야?
B：저도 더 이상 엄마 눈칫밥 (　　　　)기 싫어서라도 얼른 취직하고 싶어요.

❹ 사람이 말이야, 눈치가 (　　　　)지. 어떻게 낄 데 못 낄 데를 분간을 못 해.

❺ 넌 왜 그렇게 네 와이프 눈치만 (　　　　) 거야? 결혼 전에는 안 그랬잖아? 왜 입장이 역전된 거야?

-------- 日本語訳 --------

❶ A：どうやら感づいたみたいよね。
B：感づかない方がおかしいでしょ？ それにあの子の勘はもともと並外れているじゃない。
❷ A：閑古鳥が鳴くのもうんざりだ。お客さん入らないかな。
B：目が回るほど忙しいときは、お願いだから来ないでって言ってたくせに。
❸ A：あなたね、いくつだと思ってるの？ いつまで家でごろごろするつもりなの？
B：私もこれ以上母さんに肩身の狭い思いをさせられるのは嫌なので、早く就職したいです。
❹ 機転が利かない人だよな。自分がいてもいいところなのかのわきまえることもできないの？
❺ あなたは何でそこまで自分の妻の顔色ばかりうかがうの？結婚する前はそうではなかったじゃない。何で立場が逆転したの？

答え ❶챈 ❷없이 ❸먹 ❹있어야 ❺보는

55

感情に関する慣用表現

애가 타다 気が焦る / 焦がれる / 気が揉む

애타게 소식을 기다리는 사람들 생각은 안 해?
心配そうに連絡を待っている人々のことは考えてないの?

빈정 상하다/비위에 거슬리다 気に食わない / 虫が好かない / むかつく

한결같이 사람 빈정 상하는 말만 하는 것도 재주야.
もっぱら人の頭にくることばかり言うのも才能だよ。

울화가 치밀다 怒り / 憤りがこみ上げる

그 애의 태연한 얼굴을 보니 갑자기 울화가 치밀었어.
あの子の平然とした顔を見たら急に憤りがこみ上げたの。

낯(이) 뜨겁다 恥ずかしい　直 顔が熱い

낯 뜨겁게 공개 프로포즈를 해서 거절도 못 하겠네.
恥ずかしくも大っぴらにプロポーズされたので断ることもできない。

치가 떨리다 悔しくて身震いがする / 怒りで震える / うんざりだ
直 歯が震える

내가 지금도 그 날 일을 생각하면 치가 떨려.
今でもその日のことを考えると身震いがする。

골 때리다 荒唐だ / 呆れる　直 脳を殴る

골 때리는 인간이네. 뭐 저런 게 다 있어?
呆れる人だね。なんなの、あれは。

꼭지가 돌다/열 받다 頭にくる / 怒る

쟤 꼭지 돌았나 보다. 이럴 때는 피하는 게 상책이야.
あの子、機嫌が悪いみたい。こんなときはぶつからないほうがいい。

第5章

鼻に関する
慣用表現

- 코가 납작해지다
- 코/콧대가 높다
- 코가 꿰이다
- 코가 삐뚤어지게 마시다
- 코를 골다
- 코를 납작하게 하다
- 코를 빠트리다
- 코를 찌르다
- 코를 훌쩍이다
- 코에 붙이다
- 코를/콧물을 흘리다
- 코끝이 시리다
- 코끝이 찡하다

- 코딱지만 하다
- 코빼기도 안 보이다
- 코앞에 닥치다/코앞이다
- 코웃음을 치다
- 콧날이 오뚝하다
- 콧노래를 부르다
- 콧대가 세다
- 콧대를 꺾다
- 콧대를 세우다
- 콧등이 시큰하다
- 콧물이 나오다
- 콧방귀를 뀌다

코가 납작해지다

顔がつぶれる/面目を失う〔直鼻がぺちゃんこになる〕
意世間に対して面目を失う。 参망신을 당하다 (恥をかく)、망
신살이 뻗치다/개망신 당하다 (大恥をかく)

아유, 고소해. 이번 일로 코가 납작해졌을 거야.
いい気味だわ。今度のことで面目丸つぶれでしょう。

코/콧대가 높다

鼻が高い/鼻にかける/鼻高々だ/傲慢だ/横柄だ
意得意である。誇らしい気持ちである。

쟨 뭘 믿고 저렇게 콧대가 높은 거야?
あの子は何であんなに鼻が高いわけ？

코가 꿰이다

足元を見られる〔直鼻が刺し通される〕
意弱みを握られて、その人に逆らえない。
参약점이 잡히다 (弱点をつかまれる) ともいう。

와이프한테 거짓말한 게 들통나서 완전 코가 꿰여서 살잖아.
奥さんにウソがばれてすっかり弱みを握られて生きてるじゃない。

코가 삐뚤어지게 마시다

ぐでんぐでんになるほど飲む〔直鼻が曲がるほど飲む〕
意浴びるほど飲む。とことん飲む。暴飲する。

오늘은 모두 코가 삐뚤어지게 마시는 거야. 달리자.
今日は皆とことん飲むんだ。飲もう。

코를 골다

いびきをかく
参코골이 (寝ながらいびきをかくこと)、이를 갈다 (歯ぎしりを
する)

본인만 모르지? 자기 코고는 소리가 얼마나 큰지.
本人だけが知らないんだよね。自分のいびきをかく音がどれほどか。

◆━━◆━━◆━━◆━━◆ Advanced 練習 ◆━━◆━━◆━━◆━━◆

▶ ◻︎◻︎◻︎ の中から適当な表現を選び会話を完成させましょう。◀

┌───┐
│ 마시다   높다   납작해지다   골다   꿰이다 │
└───┘

❶ A : 쟤 옛날에는 지 잘난 줄 알고 설치던 앤데 뭔가 변한 것 같아.
   B : 주제도 모르고 나한테 대들다가 한번 크게 망신 당한 뒤로는
   코가 (　　　　)서 요즘은 조용해.

❷ A : 어떻게 이 나한테 잘난 것도 없으면서 콧대만 (　　　　)고 할
   수가 있어?
   B : 내가 평소에 하고 싶었던 말을 속 시원하게 한 게 누구야?

❸ A : 퇴원 축하해. 오늘은 코가 삐뚤어지게 (　　　　) 보자.
   B : 네가 친구냐? 퇴원한 날에 구급차 탈 일 있어?

❹ 애가 생사람 잡네. 내가 무슨 코를 (　　　　)고 그래. 난 잘 때
   너무 조용해서 남들이 죽은 줄 착각할 정도라니까.

❺ 너 숨겨 놓은 비상금이 들키는 바람에 와이프한테 코가 (　　　　)
   서 요즘 용돈 받아 생활한다며?

┈┈┈┈┈┈┈┈┈┈┈┈┈┈┈ 日本語訳 ┈┈┈┈┈┈┈┈┈┈┈┈┈┈┈

❶ A : あの子、以前は自分がえらいと思って生意気だったのに何だか変わったみたい。
   B : 身のほど知らずにも私に食ってかかって大恥かいて面目を失い、最近はおとなしい。
❷ A : どうやったらこの私にえらいところもないくせに鼻が高いと言えるの？
   B : 私がふだん言いたかったことをすかっと言ってくれたのは誰なの？
❸ A : 退院おめでとう。今日はとことん飲もう。
   B : おまえは友だちなの？ 退院した日に救急車に乗れってこと？
❹ 人にとんだ濡れ衣を着せようとしてるのね。私がいついびきなんかかいたのよ。私は寝
   るとき、静かすぎて死んでると誤解されるほどだわ。
❺ お前、隠しておいたへそくりがばれて、奥さんに弱みを握られて、最近はお小遣いもらっ
   て生活してるって？

┌──┐
│ 答え ❶ 납작해져 ❷ 높다 ❸ 마셔 ❹ 곤다 ❺ 꿰여 │
└──┘

코를 납작하게 하다

鼻をへし折る〔直鼻をぺちゃんこにする〕
意相手の慢心をくじく。
参기를 죽이다ともいう。망신을 주다 (恥をかかせる)

내가 코를 납작하게 해 줄 테니까 넌 보기만 해.
私が鼻をへし折ってやるから、あんたはただ見てて。

코를 빠뜨리다

ダメにする/台無しにする〔直鼻水を落とす〕
意物事がすっかりダメになること。
参망치다, 말아먹다, 찬물을 끼얹다, 초를 치다ともいう。

다 된 밥에 코를 빠뜨려도 유분수지.
最後にすべてを台無しにするなんてほどがある。

코를 찌르다

鼻を突く/鼻を刺す
意臭いが強く鼻を刺激する。

하수구 냄새가 코를 찔러서 숨을 못 쉬겠어.
下水の臭いが鼻を突いて息ができない。

코를 훌쩍이다

鼻をずるずるいわせる/鼻をすする
意鼻から鼻水が垂れるのを防ぐために吸い込むこと。
参코를 닦다 (鼻を拭く)、코를 풀다 (鼻をかむ)

코 훌쩍이는 소리 때문에 집중이 안되잖아.
鼻をすする音のせいで集中できないじゃないか。

코에 붙이다

食べ物の量が少ない〔直鼻に付ける〕
参누구 코에 붙이다の形でよく使われる。

사람이 몇 명인데 이걸 누구 코에 붙이라는 거야?
この人数が食べるには量が少なすぎるんじゃない。

▶ 　　　の中から適当な表現を選び会話を完成させましょう。◀

하다　　빠뜨리다　　홀쩍이다　　찌르다　　붙이다

❶ A : 이번 시합에서는 꼭 쟤 코를 납작하게 (　　　　) 줄 거야.
　　B : 그래. 제발 이번엔 예선 탈락만이라도 좀 면해라.

❷ A : 요리 내가기 직전에 소금만 약간 뿌리라고 했더니 설탕을 뿌려
　　　서 다 해 놓은 요리에 코를 (　　　　)?
　　B : 아니, 통만 보고 설탕인지 소금인지 어떻게 알아?

❸ A : 홀아비 냄새가 코를 (　　　　) 방에 여자 친구를 초대했단
　　　말이야?
　　B : 아, 그래서 그렇게 빨리 돌아간 건가?

❹ 넌 사람들을 초대해 놓고 누구 코에 (　　　　)고 달랑 이것만 준
　　비해 놓은 거야? 욕 들어먹기 전에 빨랑 중국집에라도 전화해.

❺ 서울에서 케이티엑스 타고 부산 가는 두 시간 반 동안 옆자리에 앉
　　은 사람이 계속 코를 (　　　　) 바람에 미치는 줄 알았어.

·········· 日本語訳 ··········

❶ A : 今度の試合では絶対あの子の鼻をへし折ってやる。
　　B : そう、お願いだから今度は予選落ちだけは免れてね。
❷ A : 料理を出す直前に塩を少しかけるように言ったのに、砂糖をかけてせっかく作った
　　　料理を台無しにしたってこと?
　　B : ケースだけ見ては砂糖なのか塩なのか区別がつかないんだもの。
❸ A : 加齢臭が鼻につく部屋に彼女を招いたってことなの?
　　B : あ、だからそんなに早く帰ったったのかな。
❹ みんなを招待しておいて、この量で足りると思って、たったこれだけ用意したわけ? 文
　　句言われる前に早く中華料理屋にでも電話して。
❺ ソウルからKTXに乗ってプサンに行くまでの2時間半の間、隣に座ってた人がずっと
　　鼻をすすっていて気がおかしくなりそうだったのよ。

答え　❶ 해　❷ 빠뜨려　❸ 찌르는　❹ 붙이라　❺ 홀쩍이는

코를/콧물을 흘리다

鼻/鼻水を垂らす
参코흘리개, 코찔찔이 (ハナタレ、年若く経験の乏しいもの)

세상에, 애가 옛날에 그 코 흘리던 꼬마란 말이야?
まあ、この子が昔のあのハナタレ小僧ってことなの?

코끝이 시리다

鼻先が寒い〔直鼻先が冷たい〕
意鼻が冷たくなるほど寒い。
参손이 시리다 (手が冷たい/冷える)

손끝이 시릴 때는 장갑, 그럼, 코끝이 시릴 때는?
指先が寒いときは手袋、だったら鼻先が寒いときは?

코끝이 찡하다

じんとする/感動する〔直鼻先がじんとする〕
参찡하다 (感動して胸にじんとくる)。가슴이 찡하다ともいう。

나 감동 먹었나 봐. 코끝이 찡한 게 눈물 날 것 같아.
私、感動したみたい。じんとして涙が出ちゃいそう。

코딱지만 하다

ちっぽけだ/小さい〔直鼻くそぐらいだ〕
参코딱지 (鼻くそ/つまらないもの/取るに足りないもの)。
손바닥만 하다ともいう。

아니, 이런 꼬딱지만 한 방에서 어떻게 살아?
どうやってこんな狭苦しい部屋に住めるの?

코빼기도 안 보이다

まったく姿を見ることができない/顔も見せない/まったく見か
けない〔直鼻も見せない〕
参코빼기는、코の俗語

정작 필요할 땐 코빼기도 안 보이던 주제에.
いざ必要なときにはまったく顔も見せなかったくせに。

▶ ☐ の中から適当な表現を選び会話を完成させましょう。◀

하다　　찡하다　　흘리다　　보이다　　시리다

❶ A : 쟤는 뭐니? 한창 바쁠 때는 코빼기도 안 (　　　　　)더니.

　　B : 쟤 저러는 게 처음이니? 매번 저러잖아. 그러니까 밉상이지.

❷ A : 뭐? 신혼 생활을 이런 코딱지만 (　　　　　) 집에서 시작한다
　　고?

　　B : 나도 속상해. 옆에서 너까지 염장지르지 마.

❸ A : 어릴 때 코를 줄줄 (　　　　　)면서 내 뒤를 졸졸 따라다니던
　　그 남자애가 언제 이렇게나 컸대?

　　B : 아, 정말. 내가 언제 코를 (　　　　　)고 그래요.

❹ 코끝이 (　　　　　) 게 얼굴이 마비될 것 같아. 마스크 있으면 하
나만 줘 봐.

❺ 너 진짜 병원 한번 가 봐. 남들은 다들 이구동성으로 코끝이
(　　　　　) 장면이라는데 그걸 보고도 아무 느낌이 없단 말이야?

.... 日本語訳 ....

❶ A : あの子は何なの？一番忙しいときはまったく姿も見せなかったくせに。

　　B : ああするのが初めてでもないじゃない。いつものことでしょ。だから憎たらしいん
　　でしょう。

❷ A : 何？新婚生活をこんな狭苦しい家でスタートするって？

　　B : 私も嫌なのよ。横であなたまで嫌なこと言って怒らせないでよ。

❸ A : 小さい頃、鼻をだらだら垂らしながら私の後からちょろちょろついてきてた男の子が
　　いつの間にこんなに大きくなったの？

　　B : あ、まったく。いつ私が鼻を垂らしてたっていうんですか。

❹ 鼻先が寒くて顔が麻痺しそう。マスクがあれば一枚ちょうだい。

❺ ほんと一度病院に行ってみたら。みんな口を揃えて鼻先がじんとするシーンだといってる
のに、それをみても何も感じないってことなの？

答え ❶ 보이 ❷ 한 ❸ 흘리, 흘렸다 ❹ 시린 ❺ 찡한

코앞에 닥치다/코앞이다

目前に迫る/目前だ〔直鼻の前に迫る/鼻の前だ〕
意締め切りなどがすぐ目の前に来ているさま。
参임박하다ともいう。

제정신이야 ? 선거가 코앞인데 불륜 스캔들이라니 .
気は確かなのか？ 選挙が目前なのに不倫スキャンダルだなんて。

코웃음을 치다

鼻でせせら笑う/あざ笑う
意相手を見下してからかうように笑うこと。
参깔보다, 조소하다ともいう。

코웃음 치면서 비웃던 상대한테 진 기분이 어때?
鼻でせせら笑って見下してた相手に負けた気分はどう？

콧날이 오뚝하다

鼻筋が通る/鼻がつんと高い

콧날이 오뚝한 게 한 성깔할 거 같지?
鼻がつんと高いのが、なかなか手ごわそうだね。

콧노래를 부르다

鼻歌を歌う
意気分のよいときなどに、鼻にかかった小声で歌うこと。
参콧노래를 흥얼거리다/흥얼대다ともいう。

분위기 파악 좀 해. 넌 지금 콧노래나 부르고 있을 때야?
雰囲気を読めよ。今鼻歌を歌ってる場合かよ。

콧대가 세다

鼻っ柱が強い
意意思が強い。自分の意見を断固としてまげない。自信家で気が強い。
参도도하다ともいう。

콧대가 세다고 해서 걱정했는데 의외로 아주 털털하네?
プライドが高いと聞いて心配してたんだけど意外と気さくだね？

▶ ☐ の中から適当な表現を選び会話を完成させましょう。◀

| 오똑하다　　닥치다　　치다　　세다　　부르다 |

❶ A：뭐야? 나한테 아까 이런 것도 못하냐고 코웃음을 (　　　　) 더니.

　　B：아니, 그러니까 이게 보기랑은 다르게 어렵네.

❷ A：코앞에 (　　　　)지 하는 버릇 좀 버리라니까.

　　B：잔소리할 시간 있으면 빨랑 돕기나 해.

❸ A：콧노래를 (　　　　) 걸 보니 뭔가 좋은 일이라도 있었나 보네.

　　B：그 반대야. 난 기분이 처지면 콧노래가 나와.

❹ 콧날만 좀 더 (　　　　)면 그럭저럭 봐 줄 만할 것 같은데. 어떡하지, 그냥 큰맘 먹고 공사 들어가?

❺ 뭐? 우리 딸이 콧대가 (　　　　)서 결혼을 못 한다고? 다들 그렇게 한가해? 할 일 없으면 발 닦고 잠이나 자라고 해.

・・・・・・・・・・・・・・ 日本語訳 ・・・・・・・・・・・・・・

❶ A：何なの? 私にはさっきこんなこともできないのかとあざ笑ってたくせに。
　　B：いや、だからこれが見た目とは違って難しいね。
❷ A：目前に迫らないとやらない癖をなくせっていってるんだ。
　　B：小言を言う時間があれば、早く手伝ってよ。
❸ A：鼻歌を歌ってるのをみると、何かいいことでもあったみたいだね。
　　B：その反対だよ。私は気分が落ち込むと鼻歌が出るの。
❹ 鼻筋さえもうちょっと通ってれば、そこそこかわいい顔になりそうなんだけど。どうしよう、思い切って整形する?
❺ 何?うちの娘が鼻っ柱が強くて結婚できないって?皆そんなに暇なの?やることがなければ昼寝でもしてろっつの。

答え ❶ 치 ❷ 닥쳐야 ❸ 부르는 ❹ 오똑하 ❺ 세

콧대를 꺾다

鼻柱をへし折る/鼻柱をくじく
🈡相手の向こう意気や自信をくじく。
🈦콧대가 꺾이다 (出鼻をくじかれる)

콧대를 꺾겠다고 큰소리 뻥뻥 치더니 저 꼴이 뭐야?

鼻柱をへし折ってやると大きなことを言っといて、あの様は何なの?

콧대를 세우다

鼻にかける/傲慢な態度を見せる〔🈔鼻柱を立てる〕
🈡得意げになっているさま。自慢がる様子。

콧대도 사람을 봐 가면서 세워야지, 으휴.

得意そうな態度を見せるのも相手をみながらでしょ、まったく。

콧등이 시큰하다

(感動して) 鼻筋がうずく/じんとくる
🈡感動したり悲しくて涙が出そうな様子。

수고했다는 말 한마디에 콧등이 시큰해지는 거야.

ご苦労様という一言に鼻筋がじんとくるのよ。

콧물이 나오다

鼻水が出る

왜 매운 것만 먹으면 콧물이 줄줄 나오는 걸까?

何で辛い物を食べると鼻水がだらだら出るんだろ?

콧방귀를 뀌다

鼻であしらう〔🈔鼻でおならをする〕
🈡相手の言葉に取り合おうとせず、冷淡にあつかう。
🈦콧방귀도 안 나오다 (笑わせる/ばかけている)

너 왜 사람 말하는데 콧방귀를 껴? 내가 우스워?

人が話してるのに何で鼻であしらう態度なわけ? 私がおかしい?

▶ ☐ の中から適当な表現を選び会話を完成させましょう。◀

┌───┐
│   세우다   꾸다   꺾다   시큰하다   나오다   │
└───┘

❶ A : 처음에 내 사업 계획을 들었을 때는 콧방귀를 (   )더니
　　　이제 와서 끼워 달라고?
　　B : 그 때는 누가 들어도 황당한 이야기였다니까. 설마 그게 이렇게
　　　대박날 줄 누가 예상이나 했겠어.

❷ A : 아, 나 콧등이 (   ) 게 눈물 날 것 같아.
　　B : 이 노래가 사람 울리네. 가사가 왜 이렇게 내 얘기 같지?

❸ A : 두고 봐. 내가 언젠가는 그 콧대를 (   )고 말거야.
　　B : 그러니까 그 언젠가가 도대체 언제냐고.

❹ 콧대 (   )고 스카우트 제의를 거절했다가 나중에 땅을 치
　면서 후회했다는 거 아냐.

❺ 콧물 (   )고 코 풀러 화장실 갔다 온다는데 아니, 여기서
　코 푸는 나는 뭐가 돼? 남자들 앞이라고 내숭 떨기는.

···························· 日本語訳 ····························

❶ A : はじめに私の事業計画を聞いたときには鼻であしらったくせに今になって参加させて
　　　くれと?
　　B : あのときは誰が聞いても無茶な話だったってば。まさかそれがこんなに大当たりす
　　　るとは誰にも予想できなかっただろ。
❷ A : あ、鼻先がじんとして涙が出ちゃいそう。
　　B : 人を泣かせる歌だね。歌詞がまるで私の話みたい。
❸ A : 見てろよ。私がいつかはその鼻をへし折って見せるよ。
　　B : だから、その「いつか」が、いったいいつなのよ。
❹ 偉そうな態度を取ってスカウトの誘いを断ったけど、後ですごーく後悔したって。
❺ 鼻水が出るから鼻をかみにトイレに行ってくると言われたんだけど、ここで鼻をかんでる
　私は何なの? 男性たちの前でぶりっこするわけ?

···

答え ❶ 뀌 ❷ 시큰한 ❸ 꺾 ❹ 세운다 ❺ 나온다

その他の慣用表現 1

물 건너가다　もうダメだ / もう終わりだ / 台無しだ　直 水を渡っていく

또 체포됐다고? 연예계 컴백은 물 건너갔네.

また逮捕されたの？ 芸能界復帰は水の泡だね。

바람을 넣다　そそのかす / 空気を入れる

마음잡고 잘 사는 사람한테 바람 넣지 마.

心を入れ替えて真面目に生きてる人をそそのかさないでよ。

하늘을 찌르다　意欲や意気込みが高い　直 天をつく

사기는 하늘을 찌르는데 실력이 안 따라 주네.

意気込みは高いけど、実力がついてこれないね。

찬물을 끼얹다　水を差す / 雰囲気をぶち壊す / 台無しにする　直 冷水を浴びせる

네가 찬물 끼얹는 소리를 하는 바람에 분위기 엉망됐잖아.

お前が水を差すようなことを言ったせいで雰囲気が悪くなったじゃない。

물불을 가리지 않다　どんな困難も恐れない / 手段を選ばない / なりふり構わず　直 水火も辞さない

조심해. 목적을 위해서는 물불을 안 가리는 사람이야.

気を付けて。目的のためなら手段を選ばない人なの。

돈을 물 쓰듯 하다　無駄遣いをする / 金遣いが荒い　直 お金を水を使うように使う

망했다고? 돈을 물 쓰듯 할 때 알아봤다.

倒産したの？ 金遣いが荒かったから予想はしてたわ。

엎질러진 물　取り返しのつかないこと　直 こぼされた水

이미 엎질러진 물이야. 앞으로 어떻게 할지를 생각해.

もう取り返しがつかない。これからどうするかを考えて。

68

第6章

耳に関する
慣用表現

- 귀가 가렵다/간지럽다
- 귀가 따갑다/아프다
- 귀가 뚫리다
- 귀가 먹다
- 귀가 밝다
- 귀가 번쩍 뜨이다
- 귀가 빠지다
- 귀가 솔깃하다
- 귀가 얇다
- 귀가 어둡다/멀다
- 귀를 기울이다
- 귀를 닫다
- 귀를 막다

- 귀를 파다
- 귀에 거슬리다
- 귀에 들어가다/들어오다
- 귀에 못이 박히다
- 귀에 설다
- 귀에 익다
- 귀담아듣다
- 귀띔(을) 하다
- 귀싸대기를 때리다
- 귀엣말/귓속말을 하다
- 귀청 떨어지다
- 귓등으로 듣다

귀가 가렵다/간지럽다

誰かが自分の噂をしている/悪口を言っている
〔直 耳がかゆい〕

누가 또 내 말하는 거야? 귀가 가려워 죽겠네.
また誰が私の噂をしているの？ 耳がかゆくて我慢できない。

귀가 따갑다/아프다

（騒がしくて）耳が痛い/（小言をがみがみ言われて）うんざりする
意 同じことをうんざりするほど何度も聞かされて困るという意味。

내가 살면서 가장 귀 따갑게 들은 말이 바로 예쁘다는 소리야.
私が生涯でもっとも耳が痛いほど聞いたのが、まさにきれいってことなのよ。

귀가 뚫리다

（外国語や難しい話が）聞いてわかるようになる〔直 耳が開く〕
参 귀를 뚫다（ピアスのために穴をあける）、말문이 트이다（話せるようになる）

내 귀가 문제인가? 이 귀는 도대체 언제 뚫리는 거야?
私の耳が問題なの？ この耳はいつ聞き取れるようになるの？

귀가 먹다

耳が遠くなる/耳が聞こえなくなる
参 먹다（耳や鼻が本来の機能を果たせない）、가는귀먹다（耳が少し遠くなる）

나이 먹는 것도 서러운데 귀까지 먹다니.
年を取るのも悲しいのに、耳まで遠くなるなんて。

귀가 밝다

耳が良い/耳が早い/地獄耳だ〔直 耳が明るい〕
参 잠귀가 밝다（耳がよくて寝ていてもすぐに目を覚ます）

귀가 밝아서 자기 욕하는 건 또 귀신같이 알아.
耳が良いので自分の悪口言ってるのはすぐわかる。

▶ ☐ の中から適当な表現を選び会話を完成させましょう。◀

따갑다　　밝다　　가렵다　　뚫리다　　먹다

❶ A : 그 놈의 잔소리, 정말 귀가 (　　　　　)다.
　 B : 난 입이 아파. 도대체 같은 말을 몇 번을 하게 만드는 거야?

❷ A : 귀가 (　　　　) 걸 보니 누가 또 내 욕하는 건가?
　 B : 그런 원리라면 하루 종일 가려워야 되는 거 아냐?

❸ A : 귀가 (　　　　)니? 뒤에서 그렇게 불러도 몰라?
　 B : 말을 해도 참. 잠깐 딴 생각을 하고 있었어.

❹ 처음엔 드라마를 봐도 무슨 말인지 하나도 몰랐는데 딱 일년이 지나면서 귀가 (　　　　)기 시작하는 거야.

❺ 기자는 귀가 (　　　　　)야지 남들보다 앞질러서 특종기사도 쓸 수 있는 거 아냐? 근데 넌 어떻게 일반인보다 정보에 어둡니?

日本語訳

❶ A : 全くうるさいな。聞き飽きたわよ。
　 B : 私は口が痛いよ。同じことをいったい何度言わせる気？
❷ A : 耳がかゆいのをみると、誰かがまた私の悪口をしてるのかな。
　 B : そういう原理なら一日中かゆいべきじゃないの？
❸ A : 耳が聞こえないの？後ろから何度も呼んだのに。
　 B : 言い方がまったく。ちょっと違うことを考えてたのよ。
❹ 初めはドラマを見ても何を言ってるのかさっぱりわからなかったが、ちょうどー年過ぎるころから聞き取り始めたのよ。
❺ 記者は耳が早くないと、人を出し抜いてスクープを書けないじゃん。なのにあなたはどういうわけで普通の人よりも情報に疎いの？

答え　❶ 따갑　❷ 가려운　❸ 먹었　❹ 뚫리　❺ 밝아

귀가 번쩍 뜨이다

はっと聞き耳を立てる
意 (ふさがった耳があくように) 思いがけないうまい話に耳をそばだてる。

제가 귀가 번쩍 뜨이는 정보를 물어 왔다니까요.
私が耳よりの情報を掴んできましたってば。

귀가 빠지다

生まれる/誕生する〔**直**耳が抜ける〕

무슨 날이긴. 오늘이 너 귀빠진 날이잖아.
何の日かって? 今日はあなたの誕生日じゃない。

귀가 솔깃하다

(耳寄りな話に) 聞き耳を立てる/心が引かれる/乗り気になる
参 (마음이) 당기다, 구미가 당기다ともいう。

소개팅할 여자가 예쁘다니까 귀가 솔깃한 모양이지?
合コンする女性がかわいいって言われて興味がわいたみたいだね。

귀가 얇다

騙されやすい/人の意見に左右されやすい/流されやすい〔**直**耳が薄い〕 **意**人の言うことを簡単に信じてしまう。 **参**귀가 얇은 사람을 팔랑귀という。

쟨 귀가 얇아서 또 언제 생각이 바뀔지 몰라.
あの子は流されやすいから、またいつ気が変わるかわからない。

귀가 어둡다/멀다

耳が遠い〔**直**耳が暗い〕
参말귀가 어둡다 (勘が鈍い/呑み込みが遅い/理解が遅い)

눈은 침침하고 귀는 어둡고 나이를 누가 이겨.
目はよく見えないし、耳は遠いし、年には勝てないよ。

◆— ◆— ◆— ◆— ◆— **Advanced 練習** ◆— ◆— ◆— ◆— ◆

▶ ☐ の中から適当な表現を選び会話を完成させましょう。◀

빠지다　　얇다　　뜨이다　　솔깃하다　　멀다

❶ A : 아니, 네 남편 이번에도 또 이상한 물건 사 들고 온 거야?
　 B : 진짜 내가 미쳐. 귀가 (　　　　　)도 어떻게 저렇게까지
　 (　　　　) 수가 있을까?

❷ A : 아, 배고파. 우리 떡볶이라도 먹고 갈까?
　 B : 귀가 (　　　　) 제안이긴 한데 관둘래. 너랑 먹으면 절대로
　 떡볶이만으로 가볍게 안 끝나잖아.

❸ A : 내 귀 (　　　　) 날인데 아무도 몰라 주네.
　 B : 네가 한달 내내 나팔을 불고 다녔는데 모르는 사람이 어딨어?

❹ 안 들려? 갑자기 귀가 (　　　　) 리는 없고. 너 병원 가 봐야 하
는 거 아냐?

❺ 사람이 속고만 살았나. 한번 속는 셈 치고 들어 봐. 진짜 귀가 번쩍
(　　　　) 조건이라니까.

········· 日本語訳 ·········

❶ A : あなたのダンナ、今回もまた変なものを買ってきたの？
　 B : 全く困ったわよ。騙されやすいのもあそこまでとはね。
❷ A : あ、お腹すいた。トッポッキでも食べて帰る？
　 B : 気がそそられる誘いだけどやめとくわ。あなたと食べると絶対にトッポッキだけで
　 軽く終わらないじゃない。
❸ A : 私の誕生日なのに誰にも分かってもらえないね。
　 B : あなたが1か月間ずっと言いふらしてたのに知らない人がいるか。
❹ 聞こえないの？急に耳が遠くなったわけでもないし。病院に行ってみるべきじゃないの？
❺ 人に騙されてばかりなの？ 一度騙されたと思って聞いてみて。ホントに耳よりの条件
だってば。

答え ❶ 얇아, 얇을 ❷ 솔깃한 ❸ 빠진 ❹ 멀 ❺ 뜨이는

73

귀를 기울이다

耳を傾ける / 耳を澄ます
意 注意して聞く。熱心に聞く。

독불장군도 아니고 다른 사람 말에도 좀 귀를 기울여 봐.
一匹狼ではなくて、人の話にも耳を傾けてよ。

귀를 닫다

話などを聞こうとしない〔直 耳を閉める〕

넌 귀를 닫고 사니? 그 얘기 모르는 사람이 어딨어?
あなたは耳を閉じて生きてるの？その話を知らない人がいるとはね。

귀를 막다

耳をふさぐ
意 強いて聞かないようにする。

사람들이 욕해도 그냥 귀를 막고 안 들으면 돼.
人に悪口を言われても耳をふさいで聞かなければいい。

귀를 파다

耳掃除をする〔直 耳を掘る〕
参 귀지 (耳垢)、귀이개 (耳かき)

귀 파서 아무데서 버리지 좀 마. 더럽게.
耳掃除をしてそこらへんに捨てないでよ。汚いよ。

귀에 거슬리다

耳障りだ
意 聞いて気に障ったり、不快に感じたりする。

듣기 싫어? 원래 진실은 귀에 거슬리는 법이야.
聞きたくない？ もともと真実は耳に障るもんよ。

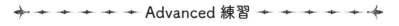

Advanced 練習

▶ ☐ の中から適当な表現を選び会話を完成させましょう。◀

막다　　닫다　　파다　　거슬리다　　기울이다

❶ A：우와, 잘 왔어. 내가 얼마나 기다린 줄 알아?

　　B：뭐야, 너 솔직하게 얘기해 봐. 내가 보고 싶어서 기다린 거야?
　　　　아님 귀 (　　　　　) 줄 사람을 기다린 거야?

❷ A：술 딱 한잔만 하고 가자. 진짜로 딱 한잔만.

　　B：아, 악마의 유혹이 또 시작됐어. 차라리 귀를 (　　　　　)고 안
　　　　들어야 돼.

❸ A：사람들 의견에도 귀를 좀 열고 살아.

　　B：언제는 일일이 듣지 말고 (　　　　　)고 살라며? 왜 이랬다저랬
　　　　다 해?

❹ 충고하는 말이 귀에 (　　　　　)고 그렇게 인상을 쓰고 있으면 앞
　　으로 너한테 무슨 말을 할 수가 있겠니?

❺ 귀를 (　　　　　)서 잘 들어봐. 네 마음의 소리. 어떻게 하면 좋
　　을지 모를 때는 그냥 그 소리를 따르면 돼.

⋯⋯⋯⋯⋯⋯⋯⋯⋯⋯⋯⋯⋯⋯ 日本語訳 ⋯⋯⋯⋯⋯⋯⋯⋯⋯⋯⋯⋯⋯⋯⋯

❶ A：ようこそ。待ってたわよ。

　　B：何なの？ 正直に言ったら。私に会いたくて待ってたの？ それとも耳掃除をしてくれ
　　　　る人を待ってたの？

❷ A：お酒、一杯だけ飲んでいこうよ。本当に一杯だけ。

　　B：あ、悪魔の誘惑がまた始まった。いっそ耳をふさいで聞かないようにしなくちゃ。

❸ A：人の意見にも耳を傾けてよ。

　　B：前はいちいち気にするなって言ったじゃない。何でころころ変わるのよ。

❹ アドバイスが耳に障るからと言ってそうやって嫌な顔されると、今後あなたに何が言え
　　るのよ。

❺ 耳を傾けてよく聞いてみて。あなたの心の声を。どうしていいかわからないときはただ
　　素直にその声に従えばいい。

⋯⋯⋯⋯⋯⋯⋯⋯⋯⋯⋯⋯⋯⋯⋯⋯⋯⋯⋯⋯⋯⋯⋯⋯⋯⋯⋯⋯⋯⋯⋯⋯⋯⋯⋯⋯

答え　❶ 파　❷ 막　❸ 닫　❹ 거슬린다　❺ 기울여

귀에 들어가다/들어오다

耳に入る
參 귀에 쏙쏙 들어오다 (耳によく入る/理解しやすい)

그 소문이 울 아빠 귀에 들어가면 난 쫓겨나.
そのうわさが父さんの耳に入ったら追い出されるよ。

귀에 못이 박히다

耳にたこができる〔直 耳に釘が刺される〕
參 귀에 딱지가 앉다 (耳にかさぶたができる) / 귀가 닳도록 듣다
(耳がすり減るほど聞く) ともいう。

또 그 얘기야? 너무 많이 들어서 귀에 못이 박히겠다.
またその話なの？ 聞きすぎて耳にたこができそう。

귀에 설다

耳になじみがない/聞き覚えがない
意 それまでに聞いた経験がないか乏しい。

귀에 선 목소리였어. 분명 내가 모르는 사람이야.
耳になじみのない声だった。絶対私の知らない人だよ。

귀에 익다

耳になじみがある/聞き覚えがある
意 たびたび聞いて珍しくない。聞きなれる。

이거 분명히 귀에 익은 멜로디인데, 혹시 표절 아냐?
これ絶対に聞き覚えがあるメロディーなんだけど、もしかして盗作じゃ
ないの。

귀담아듣다

注意深く聞く/心して聞く

말 같지도 않은 말은 귀담아들을 가치도 없어.
いいかげんな話は、注意して聞く価値もないのよ。

◆━ ✦ ━◆━ ✦ ━ ✦ ━ ✦ ━ ◆ ✦ ━━ **Advanced 練習** ━ ✦ ━ ◆ ━ ✦ ━ ◆━ ✦ ━◆

▶ ☐ の中から適当な表現を選び会話を完成させましょう。◀

| 설다   들어가다   익다   박히다   귀담아듣다 |

❶ A : 이름이 귀에 (　　　　)데 정말 우리 동창생 맞아?
　 B : 네가 기억하는 이름이 있기는 하니?

❷ A : 학교 끝나면 다른 데로 새지 말고 곧장 와야 돼. 듣고 있니? 애
　　 들이 꼬셔도 절대로 넘어가지 말고.
　 B : 엄마 딸 바보 아냐. 귀에 못이 (　　　　)겠어. 같은 말을 몇
　　 번을 하는 거야.

❸ A : 어차피 다 알게 돼 있어. 네 남편 귀에 (　　　　)기 전에 차라
　　 리 그냥 네가 먼저 얘기해.
　 B : 너 우리 남편 성질을 몰라? 누구 이혼 당하는 꼴 보려고 그래?

❹ 주소가 이상하게 귀에 (　　　　)데? 아, 여기 옛날에 내가 살던
　 동네잖아.

❺ 선배가 말을 하면 적어도 (　　　　) 척이라도 좀 해. 너 그렇게
　 하다간 사회생활 못 해.

──────────── 日本語訳 ────────────

❶ A : 名前に聞き覚えがないんだけど、本当に私たちの同期なの？
　 B : あなたが覚えてる名前があるわけ？
❷ A : 学校が終わったら寄り道しないでまっすぐ帰ってきてね。聞いてる？ 友だちに誘わ
　　 れても絶対のっちゃだめよ。
　 B : バカじゃないんだから。耳にたこができそう。同じことを何度言うのよ。
❸ A : どうせ分かるのよ。ご主人の耳に入る前にいっそあなたが先に話してよ。
　 B : あなた、うちの主人の性格を知らなくて言ってるの？私が離婚するのをみたいわけ？
❹ 住所が妙になじみがあるんだけど。あ、ここ昔私が住んでた町じゃない。
❺ 先輩が話してるときは、せめてちゃんと聞くふりだけでもしてよ。あなた、そうしてると
　 社会生活は無理だよ。

答え ❶ 선 ❷ 박히 ❸ 들어가 ❹ 익은 ❺ 귀담아듣는

귀띔[귀띰](을) 하다

耳打ちする/こっそり知らせる
參会話では、[귀뜸]と発音する人が多い。
參살짝 알려 주다ともいう。

미리 귀띔이라도 좀 해 주지 , 하연간 정이 없어요 .
事前に知らせてくれてもよかったじゃない。全く冷たいんだから。

귀싸대기를 때리다

横っ面をひっぱたく/びんたを食わす
參따귀를 갈기다/때리다/후려치다ともいう。会話では、귀싸대
기를 날리다ともいう。

나한테 걸리면 귀싸대기를 때려 줄 텐데.
私にだったら、びんたを食わしてあげるんだけど。

귀엣말/귓속말을 하다

耳打ちをする
意相手の耳元に口を寄せて、こっそり話すこと。

왜 사람 앞에 두고 둘이서만 귓속말을 하는 거야?
何で人を前にして二人で耳打ちをするわけ?

귀청 떨어지다

鼓膜が破れる〔直鼓膜が落ちる〕
參귀청(이) 찢어지다、귀청이 터지다ともいう。声や音が大きす
ぎるときに、귀청 떨어지겠다、귀청 떨어지는 줄 알았다の形でよ
く使われる。귀청을 때리다 (耳をつんざく)

귀청 떨어지겠네. 나 아직 귀 안 먹었거든.
鼓膜が破れるかと思ったよ。私まだ耳は遠くないんだけど。

귓등으로 듣다

うわの空で聞く〔直耳の外側で聞く〕 意心ここにあらずといっ
たようすで人の話を聞く。 參귓등으로도 안 듣다 (人の話を無
視する) の否定形でよく使われる。귓등으로 흘리다 (人の話を聞
き流す) もよく使われる。건성으로 듣다ともいう。

사람이 말을 하면 귓등으로 듣지 말고 좀 새겨들어.
人の話をうわのそらで聞かないでちゃんと真面目に聞いてよ。

► ☐の中から適当な表現を選び会話を完成させましょう。◄

| 하다　　떨어지다　　듣다　　하다　　때리다 |

❶ A : 네가 평소에 내 말을 귓등으로도 안 (　　　)다는 건 알고 있
　　지만 이번에도 무시하면 정말 나중에 땅을 치고 후회할 거야.
　B : 그럼 한번이라도 사람이 진지하게 듣고 싶은 말을 하든가.

❷ A : 아, 진짜 귀청 (　　　)는 줄 알았잖아. 좀 살살 얘기하라고
　　몇 번을 말해.
　B : 야, 내 목소리 크다는 사람은 너밖에 없어. 네 귀가 이상한 거야.

❸ A : 건방진 놈, 귀싸대기를 한 대 (　　　)지 그랬어?
　B : 그러는 너는 손이 없어? 왜 가만 있었어?

❹ 쟨 항상 남들이 보면 뭔가 중요한 말이라도 하는 것처럼 귓속말을
　(　　　)데 알고 보면 진짜 별거 아니야.

❺ 아니, 감사가 나온다고 귀띔이라도 좀 (　　　) 주지. 그동안 나
　한테 받아 먹은 게 얼만데 이럴 때 도움이 돼야 할 거 아냐.

.... 日本語訳 ....

❶ A : あなたが日ごろ私の話を無視しているのは知ってるけど今度無視したらあとで地団
　　駄を踏んで後悔するよ。
　B : だったら、一度でいいから人が真面目に聞きたくなることを言ったら。

❷ A : もー、鼓膜が破れるかと思ったんじゃない。もっと優しく話してと何度言ったのよ。
　B : 私の声が大きいと言ってるのはあなただけだよ。あなたの耳がおかしいのよ。

❸ A : 生意気な奴め、びんたを食らわせてやればよかったのに。
　B : そういうあなたは手がないの？ 何でやらなかったの？

❹ あの子はいつも何か大事なことでも話してるように、耳打ちをするけど、本当は大した
　こと言ってないんだよね。

❺ 監査があるならこっそり知らせてくれればいいじゃん。私に借りがあるのに、こういうと
　きに助けになるべきじゃないの？

答え ❶ 듣는　❷ 떨어지　❸ 때리　❹ 하는　❺ 해

その他の慣用表現2

뜸을 들이다　もったいぶる　直（ご飯などを）蒸らす

무슨 말을 하려고 그렇게 뜸을 들이는 거야?
何が言いたくてそんなにもったいぶるの？

불똥이 튀다　とばっちりを食う／災いが及ぶ　直火の粉が飛ぶ

너한테까지 불똥이 튀게 안 할 테니까 걱정 마.
お前がとばっちりを食うことはないようにするから心配するな。

산통을 깨다　台無しにする　直算筒（占いの道具を入れる筒）を壊す

넌 꼭 그렇게 산통 깨는 소리를 해야겠니?
お前、そうやって雰囲気をぶち壊すことを言わないといけないの？

나사가 풀리다　気が緩む　直ねじが緩む

일 이 따위로 할 거야? 모두 나사가 풀렸구만.
これしかできないの？ 皆気が緩んでるよね。

오지랖이 넓다　おせっかいだ／余計な口出しをする　直上着の前裾が広い

오지랖만 넓어 가지고. 네 일이나 잘 하세요.
おせっかいなんだから。自分のことをしっかりしなさいよ。

싹이 노랗다 (싹수가 노랗다)　将来性がない／見込みがない　直芽が黄色い

쟨 인간 되려면 아직 멀었어. 싹이 노래.
あの子は真面目な人になるにはまだほど遠い。

주머니가 가볍다　懐が寒い／お金が少ない　直ポケットが軽い

주머니가 가벼워서 점심은 라면으로 때워야겠다.
懐が寒くてランチはラーメンですまそう。

第7章

口に関する
慣用表現1

- 입만 살다
- 입만 아프다
- 입 밖에 내다
- 입에 (게)거품을 물다
- 입에 달고 살다
- 입에 담다/올리다
- 입에 대다
- 입에 붙다/배다
- 입에 오르내리다
- 입에 침이 마르다
- 입에 풀칠하다
- 입에서 단내가 나다
- 입에서 살살 녹다

- 입을 놀리다
- 입을 다물다/닫다
- 입을 막다
- 입을 맞추다
- 입을 모으다
- 입을 삐죽거리다
- 입을 (싹) 닦다/씻다
- 입을 열다
- 입이 가볍다/싸다
- 입이 거칠다/걸다
- 입이 근질근질하다
- 입이 찢어지다/귀에 걸리다

입만 살다

話だけで実行が伴わない/口だけだ/口だけ並べる〔直口だけ
生きている〕 参 말뿐이다ともいう。

입만 살아서는 뭐 하나 제대로 하는 게 없어요.
口だけで、何一つまともにできないんです。

입만 아프다

言うだけ無駄だ〔直口ばかり痛い〕
意 いくら教えてやっても教えがいがない。

잔소리 좀 그만해. 네 입만 아픈 짓을 왜 해?
もう小言はよしてよ。言ったって無駄なのにどうして言うの？

입 밖에 내다

口外する〔直口の外に出す〕
意 口に出して話すこと。言葉に出すこと。他人に話すこと。

제발 입 밖에 내서 말하기 전에 한번만 더 생각하고 말해.
お願いだから口に出す前にもう一度考えてから言ってよ。

입에 (게)거품을 물다

口角泡を飛ばす/興奮して騒ぎ立てる〔直口に泡を噛む〕
意 興奮して口からつばきを飛ばす。激しく議論するさま。

내가 무슨 의견만 내면 입에 거품을 물고 반대를 해요.
何か私が意見を言うと必ず口から泡を飛ばして反対をするんだよ。

입에 달고 살다

口癖だ/しょっちゅう口にする/しきりに食べる〔直口に付けて
生きる〕

그만두고 싶다는 말을 입에 달고 살더니 결국 사표를
냈네.
辞めたいという言葉が口癖だったけど、結局辞表を出したね。

▶ ☐ の中から適当な表現を選び会話を完成させましょう。◀

| 아프다 | 살다 | 살다 | 물다 | 내다 |

❶ A : 내 감정을 꼭 말로 해야 알아?

B : 입 밖에 ( )서 얘기를 안 하는데 어떻게 알아?

❷ A : 쟤는 아직도 그 얘기만 나오면 입에 거품까지 ( )면서 난리야.

B : 나는 네 의도가 더 수상해. 너 그 얘기 일부러 꺼낸 거지?

❸ A : 입만 ( )서는 맨날 자기만 믿으래.

B : 왜? 옛날에는 믿는다며? 믿고 결혼해서 지금 이 꼴로 잘 살잖아.

❹ 맨날 단 거를 그렇게 입에 달고 ( )데 살이 빠질 리가 있니? 살 빼고 싶으면 그 군것질부터 끊어.

❺ 나도 더 이상 잔소리하기 싫어. 내 입만 ( )지. 근데 그게 나 좋자고 하는 얘기야? 다 너 잘되라고 하는 거잖아.

⋯⋯⋯⋯⋯⋯⋯⋯⋯⋯⋯⋯⋯ 日本語訳 ⋯⋯⋯⋯⋯⋯⋯⋯⋯⋯

❶ A : 私の気持ちを必ず口に出さないとわからないの？

B : 口に出して話さないのに、どうやって分かるのよ。

❷ A : あの子はいまだにあの話になると決まって興奮して騒ぎだてるんだよ。

B : 私はあなたの意図の方がもっと怪しいわ。あの話、わざと切り出したでしょ？

❸ A : 口先だけで、毎回自分を信じろっていうのか。

B : 何で？ 昔は信じるって言ってたじゃない。信じて結婚して、今こうやって幸せに暮らしてるじゃないの。

❹ いつも甘いものを食べてるのに、痩せるわけがないじゃない。痩せたければまずそのつまみ食いをやめて。

❺ 私もこれ以上同じことをうるさく言いたくないのよ。言うのもつらいの。でもそれは自分のために言ってるの？ すべては、あなたのためを思って言ってるんじゃない。

答え ❶ 내 ❷ 물 ❸ 살아 ❹ 사는 ❺ 아프

입에 담다/올리다

口にする/話す〔直口に盛る/あげる〕
意言葉に出して言う。

입에 담지도 못 할 욕이 어떤 욕이야?
口にできない悪口って、何なの?

입에 대다

口にする/たしなむ/食べる・飲む〔直口に付ける〕

술은 입에도 못 댄다더니 혼자 나발을 불고 있네.
お酒は一滴も飲めないって言ってたのに、一人でラッパ飲みしてるん
だね。

입에 붙다/배다

口癖になる/口慣れる〔直口に付く〕
意言うことが習慣になっている。
参습관이 되다, 입버릇이 되다ともいう。

욕이 입에 붙었네. 욕 빼면 대화가 안되잖아.
悪口が口癖になってるんだね。悪口なしでは会話もできないじゃない。

입에 오르내리다

うわさになる/話題に上る〔直口に上がったり下がったりする〕
意人々のうわさの対象となる。話のネタになる。うわさの的に
なる。 参입방아에 오르다 (話題に上がる/よくないうわさを立
てられる) ともいう。

이런 일로 사람들 입에 오르내리는 게 지겹지도 않아?
こんなことがうわさに上るのは、うんざりじゃないの?

입에 침이 마르다

しきりにほめたたえる〔直口につばが乾く〕
参입에 침이 마르도록 (口のつばが乾くほどに) の形でよく使わ
れる。 입에 침도 안 바르고 거짓말하다 (平気でうそをつく)

만나기만 하면 입에 침이 마르도록 자식 자랑을 해요.
会うたびに、子どもの自慢話に夢中なるのよ。

▶ □の中から適当な表現を選び会話を完成させましょう。◀

올리다　오르내리다　배다　대다　마르다

---

❶ A : 하도 입에 침이 (　　　　)게 칭찬하길래 기대를 했더니.
　　B : 저 정도면 괜찮지 않아? 네가 기준이 너무 높은 거야.

❷ A : 입맛이 없다길래 기껏 생각해서 만들었는데 입에도 안
　　　(　　　　)니.
　　B : 나중에 꼭 지 닮은 딸 낳아서 키워 보라 그래. 그래야 엄마 마
　　　음을 알지.

❸ A : 언니랑 이혼한 지가 언젠데 아직도 형부라고 불러?
　　B : 입에 (　　　　)서 좀처럼 고쳐지지가 않아.

❹ 내가 또 한번 이런 창피한 일로 사람들 입에 (　　　　) 때는 그
　　날로 이혼 도장 찍는다고 했어? 안 했어?

❺ 난 입에 (　　　　)도 부끄러운 말을 사람들 앞에서 아무렇지도
　　않게 할 수 있는 너의 그 뻔뻔함이 부러워.

······················ 日本語訳 ······················

❶ A : あまりにも褒めたたえるから期待してたんだけど。
　　B : あのくらいならいいじゃない？ あなたの基準が高すぎるのよ。
❷ A : 食欲がないっていうから、せっかく考えて作ったのに、一口も食べないなんて。
　　B : 後で絶対自分そっくりの娘を生んで育ててみろっての。そうすれば母の気持ちが分
　　　かるだろうね。
❸ A : お姉さんととっくに離婚してるのに、未だにお兄さんと呼んでるの？
　　B : 口癖になってしまって、なかなか直せないのよ。
❹ もう一度こんな恥ずかしいことで人のうわさになるときには、その日に離婚届にハンコ
　　を押すと言ったでしょ？ 違う？
❺ 私は口にするのも恥ずかしい言葉を人前で平然と言える、あなたのその図々しさがうら
　　やましい。

答え　❶ 마르　❷ 대다　❸ 배어　❹ 오르내릴　❺ 올리기

입에 풀칠하다

糊口を凌ぐ／やっと生計を立てる〔直口に糊を塗る〕
意 どうにかこうにか生計を立てて貧しいながらも暮らしてい
く。 参 근근히 생활하다ともいう。

입에 풀칠하기도 힘들어 죽겠는데 결혼은 무슨.
食べていくのもやっとなのに、何が結婚だよ。

입에서 단내가 나다

口の中がカラカラになる〔直口から甘いにおいがする〕
意 (激しい運動や水分が足りないときに)口の不愉快なにおい
がする。 参 단내 (①高熱のとき、口や鼻から出るにおい、②甘
いにおい)。(입에서) 신물이 나다 (あきあきする／こりごりして嫌
気がさす)

하루 종일 입에서 단내가 나도록 뛰어 다녔어.
一日中口の中がカラカラになるほど走り回ったよ。

입에서 살살 녹다

口でとろける／すごくおいしい
参 꿀맛이다 (とてもおいしい)

고기가 입에서 살살 녹는다는 게 가능해?
肉が口の中でとろけるって、どういう意味?

입을 놀리다

無駄口をたたく／口を滑らす／口走る
意 ①無意識のうちにしゃべってしまう、②調子に乗って、言っ
てはいけないことをうっかり言う。
参 입을 잘못 놀리다, 함부로 입을 놀리다の形でよく使われる。

함부로 입 놀리다가 언제 한번 큰코다칠 줄 알았어.
みだりに口走って、いつか痛い目にあうと思ってたわ。

입을 다물다/닫다

口をつぐむ
意 口を閉じて開かない。話すのをやめる。
参 닥치다ともいう。命令形닥쳐がよく使われる。

그렇게 입 다물고 있지 말고 무슨 변명이라도 해 봐.
そうやって黙ってないで、何か言い訳でもしてよ。

▶ ☐ の中から適当な表現を選び会話を完成させましょう。◀

| 다물다   나다   놀리다   녹다   풀칠하다 |

❶ A : 엘리베이터가 고장나는 바람에 오 층까지 걸어서 올라왔더니
　　 입에서 단내가 (　　　　)려고 해.
　 B : 그 정도 가지고 엄살은. 평소에 운동을 안 해서 그래.

❷ A : 화장해서 저 정도 안 예쁜 여자가 어디 있어?
　 B : 들렸나 보다. 제발 작게 얘기하든가 입 (　　　　)고 조용히
　　 좀 있어. 너 때문에 내가 아주 미치겠어.

❸ A : 보통 내 나이가 되면 집도 장만하고 어느 정도 여유가 있다는
　　 데 난 집 장만은 커녕 아직도 입에 (　　　　)도 힘들다니.
　 B : 세상 살맛 안 난다. 너나 나나 흙수저를 물고 태어난 게 죄지.

❹ 한번만 더 함부로 입 (　　　　) 게 내 눈에 띄면 가만 안 두겠다
고 경고했지?

❺ 부드러운 생크림이 입에서 살살 (　　　　)네. 근데 이걸로 다이
어트는 완전히 물 건너갔어.

━━━━━━━━━━━━ 日本語訳 ━━━━━━━━━━━━

❶ A : エレベーターが故障したので5階まで歩いて上がったら、口の中がカラカラだわ。
　 B : それくらいで大げさなんだから。日ごろ運動不足だからそうなのよ。
❷ A : 化粧したらあれくらいは皆きれいになるでしょ？
　 B : 聞こえたみたいだよ。お願いだから小声で話すか口をつぐんで静かにしてろよ。お
　　 前のせいで俺が大変だよ。
❸ A : 普通私の年くらいになると、家も買ったりして、ある程度余裕があるというのに、
　　 私は家を買うどころか食べるのも精いっぱいだよ。
　 B : 落ち込んじゃうな。君も私も貧しい家に生まれたのがすべてだね。
❹ もう一度、軽率に口走るのが私の目についたらだたじゃおかないと警告したろ。
❺ やわらかい生クリームが口の中でとろけるわ。でもこれでダイエットはもう台無しだね。

━━━━━━━━━━━━━━━━━━━━━━━━━━━━━━━━

答え ❶ 나 ❷ 다물 ❸ 풀칠하기 ❹ 놀리는 ❺ 녹

입을 막다

口をふさぐ/口止めする
意 秘密や不都合を知っている人に金品を与えたり、おどしたりして話せないようにする。 参 입막음하다（口止めする）

내 입만 막는다고 사람들이 모를 것 같아?
私の口さえふさいだら、人に知られないとでも思ってるの？

입을 맞추다

口裏を合わせる/キスをする
意 あらかじめ相談して話の内容が食い違わないようにする。
参 말을 맞추다ともいう。

너 입 잘 맞춰야 돼. 혼자만 배신 때리면 용서 안 해.
ちゃんと口裏を合わせてよ。一人だけ裏切ったら許さないからね。

입을 모으다

口をそろえる
意 何人もが同じことを言う。異口同音に言う。

모두 입을 모아 칭찬 아닌 욕을 하던데?
皆口をそろえて賞賛ではなく悪口を言ってたんだけど？

입을 삐죽거리다

（少し不満そうに）口を尖らす
意 怒ったり言い争ったりするときの口つきや不満な顔つきを表す言葉。 参 입을 삐죽삐죽하다/삐죽대다ともいう。

입만 삐죽거리지 말고 불만이 있으면 말로 해.
不満そうにしてないで、文句があるなら言ってよ。

입을 (싹) 닦다/씻다

知らんぷりする/独り占めして知らぬ顔をする/口を拭う〔直口をすっかり拭う〕
参 나 몰라라 하다ともいう。

고맙다는 말 한마디로 입을 싹 닦을 생각이야?
感謝の言葉一つで知らんぷりするつもりなの？

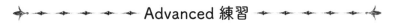

Advanced 練習

► □ の中から適当な表現を選び会話を完成させましょう。◄

| 모으다 막다 맞추다 삐죽거리다 닦다 |

❶ A : 다들 입을 (　　　　)서 반대라는데 어쩔 수 없잖아.
　 B : 네가 언제부터 남들 의견에 그렇게 신경 썼다고? 그냥 무시하고 밀어붙여.

❷ A : 두 사람 미리 입을 (　　　　)나 보네. 누굴 바보로 아나?
　 B : 그러게. 조사 하나 안 틀리고 하는 말이 똑같아. 그게 더 수상하다는 걸 모르나 봐.

❸ A : 겨우 그걸로 내 입을 (　　　　)고?
　 B : 야. 그만 좀 우려먹어라. 입 다무는 대가가 너무 비싸잖아.

❹ 너 불만 있을 때마다 입을 (　　　　) 습관, 고치라고 했지? 애도 아니고 그렇게 자기 감정을 다 드러내서 어떡할 거야?

❺ 뒷돈을 그렇게나 받아먹고 혼자 입을 싹 (　　　　) 게 괘씸하다고? 넌 오히려 감사해야 돼. 아니면 사이좋게 같이 수갑 찼잖아.

日本語訳

❶ A : 皆口をそろえて反対っていうんだから仕方がないじゃない。
　 B : あなたがいつからそこまで人の意見を気にするようになったの？ 無視して押し通しなさい。
❷ A : 二人は、事前に口裏を合わせたんだね。こっちをバカにしてるの？
　 B : そうだね。助詞一つ違わず、同じことを言うんだよね。その方がよほど怪しいって分からないみたい。
❸ A : たったそれっぽっちで私の口をふさごうとしてるわけ？
　 B : おい、ふんだくるのもいい加減にしてくれ。口止め料が高すぎるんだよ。
❹ 不満があるたびに口を尖らす癖を直すように言ったでしょ？ 子どもでもあるまいし、そうやって自分の気持ちをさらけ出してどうするのよ。
❺ あの大金を受け取っておいて知らんぷりをしたのがけしからんとでも？ あなたはむしろ感謝すべきだよ。でないと仲良くいっしょに手錠をかけられてたかも。

答え ❶ 모아 ❷ 맞추었(맞췄) ❸ 막으려 ❹ 삐죽거리는 ❺ 닦은

입을 열다

口を割る／口を開く
意 隠していたことなどをしゃべる。白状する。
参 자백하다 (自白する)

아직도 입을 안 열어? 독하네, 진짜.
まだ口を割らないのか？ マジしぶといね。

입이 가볍다/싸다

口が軽い
意 おしゃべりで、言ってはいけないことまで言ってしまう。

내가 입 가벼운 사람 정말 싫어한다고 얘기했지?
私が口が軽い人は大嫌いと言ったでしょ？

입이 거칠다/걸다

口が荒い／言葉遣いが荒い
意 聞く人が不快に感じるほど、言葉遣いが下品で乱暴である
さま。 参 말이 거칠다, 입이 험하다ともいう。

입에 걸레를 물었나? 왜 저렇게 입이 걸어?
口に雑巾でもくわえたの？ 何であんなに言葉が汚いの？

입이 근질근질하다

(しゃべりたくて) 口がむずむずする／言いたくてたまらない／
しゃべりたくてどうしようもない〔直 口がうずうずする〕
参 입이 근질거리다ともいう。

입이 근질근질하지? 참지 말고 그냥 말해.
しゃべりたくてたまらないでしょ？ 我慢しないで言っちゃいなよ。

입이 찢어지다/귀에 걸리다

喜色満面だ／笑いが止まらない〔直 口が裂ける／口が耳にかかる〕
意 喜びの表情が心の中で包み切れず、顔じゅうにあふれ出てい
るさま。 参 좋아 죽다, 입이 째지다ともいう。

여자 소개시켜 준다니까 좋아서 입이 찢어지네.
女性を紹介すると言ったら、顔がにやけてしょうがないのね。

▶ [　　　]の中から適当な表現を選び会話を完成させましょう。◀

| 가볍다　　열다　　근질근질하다　　거칠다　　걸리다 |

❶ A : 놀랐지? 남친이 운전대만 잡으면 입이 좀 (　　　　)져.
　　B : 저게 어떻게 좀이야? 완전히 딴사람이지.

❷ A : 신랑은 좋아서 입이 귀에 (　　　　)네.
　　B : 신랑은 좋아 죽고 신부는 결혼식 내내 울고. 이거 무슨 드라마
　　　　아냐?

❸ A : 쟤 정말 웃긴다. 내가 분명히 비밀이라고 했단 말이야.
　　B : 넌 쟤 입 (　　　　) 거 모르니? 알면서 얘기한 거 아니야?

❹ 아, 이거 말하면 절대 안 되는데 입이 (　　　　)서 못 참겠네. 너
　　절대 나한테서 들었다고 하면 안 돼.

❺ 입만 (　　　　)면 거짓말. 말해 봐, 한번이라도 나한테 진실을 말
　　한 적이 있기는 한 거야?

.... 日本語訳 ....

❶ A : 驚いたでしょ? 彼はハンドルを握るととたんに少し口が荒っぽくなるの。
　　B : あれがどうしたら少しなの? 完全に別人でしょ?
❷ A : 花婿は嬉しくてどうしようもないって感じだね。
　　B : 花婿は笑いがこぼれてるし、花嫁は泣いてるし、これ、何かのドラマみたいじゃない?
❸ A : あの子、おかしいよ。私が絶対秘密だって言ったのに。
　　B : あの子の口が軽いことを知らないの?知っていながら話したんじゃないの?
❹ あ、これ絶対言っちゃだめなんだけど、言いたくてたまらない。絶対私から聞いたと言っ
　　ちゃだめだよ。
❺ 口を開けば嘘ばかり。一度でも私に本当のことを言ったことあるの?

──
答え　❶ 거칠어　❷ 걸렸　❸ 가벼운　❹ 근질근질해　❺ 열

その他の慣用表現 3

쐐기를 박다　くさびを打ち込む

또 다시 다른 말 못 하게 쐐기를 박아.
また言葉を変えないようにくさびを打て。

골치가 아프다　非常に面倒だ / 頭が痛い / 厄介だ

걔만 생각하면 골치가 아파. 대책이 없다니까.
あの子のことを考えると頭が痛い。手に負えないってば。

비위를 맞추다　機嫌を取る / 媚びへつらう / 調子を合わせる

비위만 좀 잘 맞춰 주면 일하기는 편할 거야.
うまく機嫌を取れば、働きやすいはずよ。

바가지를 긁다　（主に妻が夫に）がみがみ小言をいう / 愚痴をこぼす
直 ひさごを掻く

그렇게 바가지를 긁어 대면 누가 견디겠어?
そうやって常にがみがみいうと、耐えられる人はいないよ。

딱지를 맞다　振られる / 跳ねつけられる

너 또 딱지 맞았니? 벌써 몇 번째야?
また振られたの？ もう何度目なの？

들통이 나다　ばれる / ぼろが出る

바람 핀 거 들통이 나서 집에서 쫓겨났대.
浮気がばれて家から追い出されたって。

냄새가 나다　においがする / におう

저 둘 아무래도 수상해. 냄새가 난단 말이야.
あの二人どうも怪しい。におうよね。

第8章

口に関する
慣用表現2

- 입이 나오다
- 입이 닳다
- 입이 딱 벌어지다
- 입이 떨어지다
- 입이 무겁다
- 입이 무섭다
- 입이 바짝바짝 타다
- 입이 심심하다
- 입이 쓰다
- 입이 짧다
- 입김이 작용하다/닿다
- 입담이 좋다
- 입맛이 돌다/나다/당기다

- 입맛대로 하다
- 입(맛)에 맞다
- 입맛을 다시다
- 입(맛)이 까다롭다
- 입맛이 떨어지다
- 입방아를 찧다
- 입방정을 떨다
- 입버릇이 고약하다
- 입소문이 나다
- 입술을 깨물다
- 입심이 세다
- 입씨름하다

입이 나오다

不満だ〔直口が出る〕
参못마땅하다, 불만이다ともいう。

재는 또 뭐에 삐쳐서 입이 저렇게나 나와 있어?
あの子はまた何ですねてあんなに不満そうなの?

입이 닳다

口が酸っぱくなるほどに言う/言い続ける〔直口が擦れる/すり減る〕
意同じことを何度も何度も繰り返して言い聞かせる。
参입이 닳도록 (口が酸っぱくなるほど) の形でよく使われる。

입이 닳도록 얘기하면 뭐 해? 들을 생각이 없는데.
口が酸っぱくなるほど言っても無駄だよ。聞く気がないんだから。

입이 딱 벌어지다

(驚いたりあきれたりして) 口がぽかんと開く/あ然となる
意思いがけない出来事に驚きあきれて声も出ない。あっけにとられるさま。 参깜짝 놀라다(깜놀), 눈이 동그레지다ともいう。

모두들 그 사람 먹방에 입이 딱 벌어졌다니까.
皆あの人の食べっぷりにあ然となったってば。

입이 떨어지다

話を切り出す〔直口が離れる〕
参否定形입이 안 떼지다/입이 안 떨어지다がよく使われる。

헤어지자는 말을 하려는데 차마 입이 안 떨어지네.
別れを告げようとしたのに、なかなか切り出せないな。

입이 무겁다

口が堅い〔直口が重い〕
意言うべきでないことをむやみに他言しない。
参말수가 적다 (口数が少ない)、말이 없다 (無口だ)

입이 무겁다더니 동네방네 다 떠벌리고 다니네.
口が堅いって聞いてたのに、あっちこっち言いふらしてるんだね。

▶ 　　　の中から適当な表現を選び会話を完成させましょう。◀

무겁다　　떨어지다　　나오다　　닳다　　벌어지다

❶ A : 가격표를 보는 순간 진짜 입이 딱 (　　　　　　)니까.

　　B : 내 한 달 월급이 신발 하나 가격이란 말이야? 나는 왜 사나.

❷ A : 그런 비밀을 어떻게 마누라인 나한테도 말을 안 할 수가 있어?

　　B : 네가 입이 (　　　　　) 남자가 좋다고 했잖아. 그게 그 사람　매
　　력이라며?

❸ A : 언제까지 속일 거야? 빨리 얘기해.

　　B : 나도 알아. 근데 얼굴을 보고 있으면 차마 입이 안 (　　　　　)
　　걸 어떡해.

❹ 남친이 바빠서 데리러 못 가니까 그냥 택시 타고 집에 가라고 했다
고 입이 뭐 같이 (　　　　) 있어.

❺ 엄마가 담배 좀 끊으라고 입이 (　　　　　)도록 얘기할 때는 무시
하더니 여자 친구가 담배 냄새 싫다니까 바로 끊어?

日本語訳

❶ A : 値札をみた瞬間、開いた口がふさがらなかったわよ。

　　B : 私の一月の給料が靴一足の値段ってことなの?私は何のために生きてるのかな。

❷ A : あんな秘密をどうして妻の私にまで黙ってるの?

　　B : あなたが口の堅い男性がいいと言ってたじゃん。それがその人の魅力だと。

❸ A : いつまで騙すつもりなの?早く話してよ。

　　B : 私もわかってる。でも顔を見てるとどうしても切り出せないのよ。

❹ 彼氏に忙しくて迎えに行けないからタクシーに乗って帰るよう言われたのが気に入らな
くてすねてるのよ。

❺ お母さんがタバコをやめるよう口が酸っぱくなるほど言っても無視してたくせに、彼女
がタバコの臭いが嫌と言ったらすぐやめるの?

答え ❶ 벌어졌다　❷ 무거운　❸ 떨어지는　❹ 나와　❺ 닳

입이 무섭다

うわさが怖い〔直口が怖い〕

사람들 입이 진짜 무섭다. 어떻게 말이 그렇게 바뀌니?
人のうわさが怖いね。どうすれば話がそう変わるわけ？

입이 바짝바짝 타다

口がカラカラに渇く

긴장해서 그런지 입이 바짝바짝 타는 것 같아.
緊張してるせいなのか、口の中がカラカラに渇く感じだわ。

입이 심심하다

何か食べたい/口が寂しい〔直口が退屈だ〕
意 何か口に入れるものが欲しい感じ。
参 속이/배가 출출하다（小腹がすく）ともいう。

입이 심심한데 치킨이라도 시켜 먹을까?
口が寂しいんだけど、チキンの出前でもとろうか。

입이 쓰다

食欲がなくて味がまずい/(思う通りにならなくて精神的に)辛い/苦い思いをする
意 不遇な状況に置かれて辛い思いをすること。苦汁を飲まされる。 参 씁쓸하다ともいう。

나름 열심히 했는데도 결과가 안 따르니 입이 쓰다.
自分なりに頑張ったんだけど、結果が伴わないから辛いね。

입이 짧다

食が細い/食べ物の好き嫌いが多い〔直口が短い〕
意 小食である。

네가 입이 짧으니까 같이 밥 먹으면 나만 돼지 같잖아.
あなたが少ししか食べないから、いっしょに食べてると私だけ大食いに見えるじゃない。

▶ ☐ の中から適当な表現を選び会話を完成させましょう。◀

쓰다　　타다　　짧다　　무섭다　　심심하다

❶ A : 누가 상상이나 했겠어. 겉과 속이 저렇게 다른 인간이었다니.
　 B : 내가 이렇게 사람 보는 눈이 없었던가, 정말 입이 (　　　　　)
　 네.

❷ A : 쟤는 이 밤중에 안 자고 부엌에서 뭐 하는 거야?
　 B : 저녁을 그렇게 먹고도 입이 (　　　　)고 라면 끓이고 있잖아
　 요. 왜? 당신도 거들려고요?

❸ A : 남편이 입이 (　　　　)서 같이 외식하기도 힘들어.
　 B : 아들이라도 아빠를 안 닮아야 할 텐데.

❹ 입이 바짝바짝 (　　　　)데 왜 빨리 결과 발표를 안 하는 거야?
사람 말려 죽일 일 있어?

❺ 넌 사람들 입이 얼마나 (　　　　) 줄 모르지? 사람 하나 죽이는
건 일도 아니야.

························ 日本語訳 ························

❶ A : 誰も想像できなかったでしょうね。裏表があんなに違う人だったとは。
　 B : 私がここまで人を見る目がなかったのか、本当に苦い思いだね。
❷ A : あの子はこんな夜中に寝ないで台所で何してるの？
　 B : 夕飯をあんなにたくさん食べておいて、口が寂しいってラーメンを作ってんですよ。何？
　 あなたも食べたくなったんですか。
❸ A : 主人が好き嫌いが激しくていっしょに外食するのも大変なの。
　 B : 息子さんがお父さんに似てなければいいんだけどね。
❹ 口がカラカラに乾くのに、何で早く結果発表をしないのよ。人をいびり殺す気なの？
❺ あんたは人のうわさになるのがどれほど怖いか知らないよね。人ひとり殺すことも簡単
だよ。

························

答え　❶ 쓰　❷ 심심하다　❸ 짧아　❹ 타는　❺ 무서운

입김이 작용하다/닿다

影響力が働く/息がかかる〔直息が働く/息が届く〕
意有力者の意思が働く。 参입김이 세다（影響力が強い）

위의 입김이 닿았다는 건 네 추측일 뿐이잖아.
上の息がかかっているいうのは、あなたの推測にすぎないじゃない。

입담이 좋다

口が達者だ/話がうまい
参말발이 세다, 말주변이 좋다, 말을 잘하다ともいう。

입담이 좋아서 같이 있으면 계속 웃게 돼.
話がうまいので、いっしょにいるとずっと笑ってるよ。

입맛이 돌다/나다/당기다

食欲が出る/食が進む〔直口の味が回る/出る/ひかれる〕
意物を食べたいという意欲が増えること。
参식욕이 당기다ともいう。

입맛 난다고 준비한 게 하나같이 푸성귀뿐이네.
食欲が出るだろうと用意したものがどれも野菜ばかりだね。

입맛대로 하다

好き勝手にする/やりたい放題する〔直口の味通りにする〕
意他人のことや規則を鑑みないで行動すること。
参제멋대로/마음대로 하다ともいう。

쟤는 뭐든지 자기 입맛대로 하려고 해.
あの子は何でも好き勝手にしようとする。

입(맛)에 맞다

口に合う/気に入る〔直口の味に合う〕
参입에 달라붙다ともいう。

입에 안 맞으면 억지로 먹지 마.
口に合わなければ、無理して食べないで。

▶ の中から適当な表現を選び会話を完成させましょう。◀

좋다	작용하다	돌다	맞다	하다

❶ A : 우와, 이거 한 입 먹었는데 없던 입맛이 확 (　　　　)네.

　　B : 뭐야? 그럼, 내가 해 주는 음식은 입맛이 안 (　　　　)어?

❷ A : 이거, 이거 아무래도 위의 입김이 (　　　　) 것 같은데?

　　B : 당연한 거 아냐? 아님, 이런 명령이 왜 내려와.

❸ A : 사랑의 힘이 대단하긴 하구나. 어떻게 입에 (　　　　)지도 않는 음식을 매번 그렇게 맛있는 척하며 먹을 수가 있어?

　　B : 나도 정말 고역이야. 사실 요즘은 한계를 느껴.

❹ 나도 입담이 (　　　　)는 얘기를 많이 듣지만 저 사람한테는 못 당해. 누구든 만난 지 오 분도 안 돼서 친구가 된다니까.

❺ 나도 이젠 모르겠다. 네가 하고 싶은 대로 네 입맛대로 (　　　　)면서 살아. 대신에 다신 나한테 연락하지 마.

········· 日本語訳 ·········

❶ A : わー、これ一口食べたらなかった食欲がみなぎるわ。

　　B : 何？では、私が作ってあげたものは食欲がそそられなかったの？

❷ A : これ、どうやら上の息がかかっていることのようなんだけど。

　　B : 当り前じゃない？ じゃなければ何でこういう命令が下りるんだよ。

❸ A : さすが愛の力ってすごいよね。どうやったら口にも合わない料理を食べながら毎回そうやっておいしそうなふりができるの？

　　B : 僕ももマジつらいんだよ。実は最近は限界を感じてる。

❹ 私も話がうまいとよく言われてるけど、あの人にはかなわない。誰とでも出会って５分も経たないうちに友だちになっちゃうんだから。

❺ 私ももう知らんよ。あなたのやりたいとおりに好き勝手に生きてよ。その代わり二度と私に連絡しないで。

答え ❶ 도, 돌았 ❷ 작용한 ❸ 맞 ❹ 좋다 ❺ 하

입맛을 다시다

舌なめずりをする/欲が出る
意①うまそうな飲食物を前にしたときなどに、舌を出して唇をなめ回すこと。②欲するものを熱心に待ち設けること。

옆에서 입맛만 다시지 말고 먹고 싶으면 먹어.
横で舌なめずりしてないで、食べたければ食べてよ。

입(맛)이 까다롭다

味にうるさい/舌が肥えている
意味のよい料理を特に求める態度。味の良し悪しが分ること。

넌 네가 얼마나 입이 까다로운지 전혀 자각이 없지?
あなたは自分がどれほど味にうるさいか全く自覚がないんだよね？

입맛이 떨어지다

食欲がなくなる〔直食欲が落ちる〕
参밥맛이 떨어지다ともいう。

식탁에서 입맛 떨어지는 얘기는 하지 마.
食卓で食欲がなくなる話はするな。

입방아를 찧다

つまらないことをあれこれしゃべる/人の噂をする
参입방아 (他人のことに対してあれこれ軽率に言い散らすこと)

남의 일로 입방아 찧을 시간 있으면 일이나 빨랑 해.
人の噂をする時間があれば、早く仕事しろよ。

입방정을 떨다

そそっかしく軽はずみに言う
意大した考えもなく軽々しく言うさま。
参입방정 (不謹慎な発言/軽はずみに言うこと)

내가 부정 타니까 입방정 좀 떨지 말라고 했지?
縁起でもないから、軽々しく言うなといったよね。

▶ ☐ の中から適当な表現を選び会話を完成させましょう。◀

다시다　　떨다　　까다롭다　　떨어지다　　찧다

❶ A : 난 신경 쓰지 말고 맛있게 먹어.
　　B : 사람을 빤히 보면서 계속 입맛을 (　　　　)는데 너 같으면 무
　　　　시할 수 있니? 내가 낼 테니까 그냥 하나 시켜.

❷ A : 입맛 (　　　　) 남자랑 사는 건 정말 피곤해.
　　B : 네 남편이 너보다 더 (　　　　)단 말이야?

❸ A : 그 일로 다들 입방아를 (　　　　)던데.
　　B : 할 일 없으면 집에 가서 낮잠이나 자라고 해.

❹ 뭐? 내가 입방정을 (　　　　) 바람에 될 일도 안된다고? 아니,
　　일이 잘 안된 게 왜 내 탓이야? 그 남 탓하는 버릇 좀 고쳐.

❺ 그 눈곱 낀 얼굴 좀 어떻게 해. 다른 사람 입맛 (　　　　)게 하지
　　말고 빨랑 세수하고 와.

─────────────────── 日本語訳 ───────────────────

❶ A : 私のことは気にしないで、おいしく食べて。
　　B : 人をじっと見ながらずっと舌なめずりをしてるのに、あなたなら無視できるの？ 私
　　　　がおごるから一つ頼んでよ。
❷ A : 味にうるさい男と住むのは本当に疲れる。
　　B : あなたのダンナがあなたよりうるさいってことなの？
❸ A : そのことで皆うわさしてたんだけど。
　　B : 暇ならうちに帰って昼寝でもしたら。
❹ 何？ 私が不謹慎なことを言ったせいで、うまくいくこともダメになるって？ うまくいか
　　なかったのが何で私のせいなのよ。人のせいにする癖は直してよ。
❺ その目やにの付いた顔を何とかしてよ。こちらの食欲が落ちるから、早く顔洗ってきて。

───

答え ❶ 다시 ❷ 까다로운, 까다롭 ❸ 찧 ❹ 떠는 ❺ 떨어지

입버릇이 고약하다

口のきき方が悪い
參 입버릇이 나쁘다, 말버릇이 고약하다, 말본새가 나쁘다 [고도 한다.

생긴 건 그렇게 안 생겼는데 입버릇 진짜 고약하네.
見た目とは違って、口のきき方がマジ悪いよね。

입소문이 나다

口コミが広がる〔直 口のうわさが出る〕
參 입소문을 타다, 소문이 퍼지다 [고도 한다.

한번 입소문이 나니까 손님들로 북적북적해.
一度口コミが広まったら、お客さんでにぎわってる。

입술을 깨물다

唇を噛む/歯を食いしばる/歯を噛みしめる
意 悔しさ・苦痛などを歯をかみ合わせて必死にこらえる。
參 이를 악물다 [고도 한다.

심심해서 입술을 깨문다고? 버릇도 참 특이하다.
退屈してるから唇を噛むと？変わった癖だね。

입심이 세다

弁が立つ/口達者だ〔直 口の力が強い〕
意 話がうまいこと。
參 말발이 세다, 말발이 좋다, 말발이 장난 아니다 [고도 한다.

나도 입심 세다는 말을 듣지만 너한테는 못 당하겠다.
私も弁が立つとよく言われるけど、あなたには勝てないよ。

입씨름하다

口論する/言い争いをする〔直 口の相撲を取る〕
參 언쟁하다, 말다툼하다, 실랑이하다, 옥신각신하다 [고도 한다.

입씨름하는 것도 지겹다. 역시 우린 안 맞는 것 같아.
言い争うのもうんざりだ。やはり私たちは合わないみたい。

▶ ☐ の中から適当な表現を選び会話を完成させましょう。◀

┌───┐
│ 세다   하다   고약하다   깨물다   나다 │
└───┘

❶ A : 저 사람, 입심이 장난이 아니네. 말로는 못 이기겠어.

　 B : 근데 입심이 (　　　　)서 한 성격하는 것처럼 보이지만 마음
　　　 은 진짜 여려.

❷ A : 입술을 (　　　　) 걸 보니 꽤나 분한가 보네.

　 B : 두고 봐. 꼭 출세해서 두 배로 갚아 줄 테니.

❸ A : 입소문만 (　　　　)면 손님이 밀어닥칠 텐데.

　 B : 그러니까 그 입소문이란 게 어떻게 하면 (　　　　)냐고요.

❹ 처음에는 입버릇이 (　　　　)서 상종 안 하려고 했는데 자꾸 듣
　 다 보니 은근 중독되는 거 있지.

❺ 맨날 유치한 일로 하루 종일 애들하고 입씨름이나 (　　　　)고
　 있는 내가 한심해 보여? 너도 결혼해 봐.

·· 日本語訳 ··

❶ A : あの人、弁が立つのが半端じゃないね。言葉では勝てないよ。

　 B : 口が達者だから性格が強そうに見えても、本当はとても優しいのよ。

❷ A : 唇を噛むのを見ると、相当悔しいみたいだね。

　 B : 見てろよ。絶対成功して倍返ししてやるから。

❸ A : 口コミさえ広がれば、お客が押し寄せるはずなんだけど。

　 B : だから、その口コミはどうすれば広まるのよ。

❹ 初めは口の利き方が悪いから、相手にしたくなかったんだけど、何度も聞いてるうちに
　 妙に中毒になるのよ。

❺ 毎日幼稚なことで一日中子どもたちと言い争いをしている私を情けないと思ってるの？
　 あなたも結婚してみてよ。

···

答え ❶ 세 ❷ 깨무는 ❸ 나, 나 ❹ 고약해 ❺ 하

생사람 잡다　無辜の人を責める / 無実の罪に陥れる

나 아니야. 생사람 잡지 마.
私じゃない。濡れ衣を着せないでくれ。

이를 갈다　復讐を誓う / 悔しがる / 歯ぎしりをする

너한테 리벤지한다고 이를 간다던데?
お前にリベンジすると悔しがってたんだけど？

김새다　興ざめる / 気が抜ける

다이어트? 요요가 와서 김새서 안 해.
ダイエット？ リバウンドして嫌になるからやらない。

돼지 멱따는 소리　やかましくてわめき散らす声 / 耳障りな声

돼지 멱따는 소리로 노래 좀 하지 마. 고문이야.
わめき散らすような声で歌を歌わないでよ。拷問だよ。

가방끈(이) 짧다　学力が低い / 学がない

그래, 난 가방끈이 짧아서 무식하다.
そう、私は学がなくて無知だ。

덜미를 잡히다　悪事がばれる / 証拠・弱みを握られる

그런 일로 덜미를 잡혀서 인생 쫑나고 싶어?
そんなことで弱みを握られて、人生終わりにしたいの？

뒤통수를 치다　不意を打つ / 裏切る

어떻게 네가 내 뒤통수를 칠 수가 있어?
どうやってお前が私を裏切られるの？

第**9**章

頭に関する慣用表現

- 머리 위에 앉다
- 머리가 굳다
- 머리가 굵다/크다
- 머리가 돌다
- 머리가 돌아가다
- 머리가 띵하다
- 머리가 무겁다
- 머리가 빠지다
- 머리가 수그러지다/숙여지다
- 머리가 핑 돌다
- 머리가 터지다
- 머리를 감싸 쥐다
- 머리를 굴리다

- 머리를 굽히다/숙이다
- 머리를 모으다
- 머리를 식히다
- 머리를 스치다
- 머리를 (쥐어)짜다
- 머리를 짓누르다
- 머리를 하다
- 머리에 까치집을 짓다
- 머리에 맴돌다
- 머리끄덩이를 잡다
- 머리털이 곤두서다
- 머릿속이 하얘지다

머리 위에 앉다

相手の考えや行動を見抜く〔直頭の上に座る〕
参머리 꼭대기에 앉다ともいう。

내가 네 머리 위에 앉아 있는데 누굴 속이려고 그래.
あなたの考えは全部見抜いてるのに、誰をだまそうとしてるの？

머리가 굳다

頭が固い/考えが頑固だ/記憶力が衰える
参①柔軟な考え方ができず、頑な考え方をする。融通が利かない。②記憶力が低下する。

머리가 굳어서 못 하는 게 아니라 원래 안 좋은 거 아냐?
記憶力が衰えてできないんじゃなくて、もともと頭が悪いんじゃないの？

머리가 굵다/크다

大人になる〔直頭が太い/大きい〕
参어른이 되다ともいう。

이제 머리가 굵었다고 옛날처럼 촐랑거리지는 않네.
もう年を取ったせいか、昔ほどちょこまかしてないわ。

머리가 돌다

頭がおかしい/頭が狂う/気が狂う〔直頭が回る〕
参미치다, 꼭지가 돌다ともいう。

(머리가) 돌겠다. 밤을 꼴딱 세워도 안 끝나겠네.
頭が変になりそう。徹夜しても終わらなさそう。

머리가 돌아가다

頭が回る
参머리가 잘 돌아가다 (頭の回転が速い)

그렇게 머리가 안 돌아가니? 우선 순위가 뭔지 몰라?
そんなに頭が回らないの？ 優先順位が何か判断できない？

Advanced 練習

▶ ⬚ の中から適当な表現を選び会話を完成させましょう。◀

| 크다 | 돌다 | 돌아가다 | 굳다 | 앉다 |

❶ A : 머리가 ( )서 그런지 단어가 안 외워져.
  B : 이십 대에 그런 말 하는 건 너무 빠르지 않아?

❷ A : 이제 머리가 ( )고 내 말은 콧등으로도 안 들어요.
  B : 뭘 새삼스럽게. 쟨 어릴 때부터 반항끼가 다분했잖아.

❸ A : 아, 배가 고프니까 머리가 안 ( ).
  B : 네 머리 ( ) 거 한번이라도 봤으면 좋겠다.

❹ 진짜 내가 너 때문에 머리가 ( )다. 제발 사고 좀 치지 말고 얌전히 지내라고 몇 번을 말해? 내 이 머리털 빠진 것 좀 봐.

❺ 요런 곳에 비상금을 감춰 두면 내가 못 찾을 줄 알았지? 내가 자기 머리 위에 ( ) 있는데 아직도 그걸 몰라요.

.... 日本語訳 ....

❶ A : 頭が固くなったせいか、単語が覚えられないよ。
  B : 20代でそんなこと言うのは早すぎるんじゃない?
❷ A : もう大きくなったからと言って私の言うことは全然聞かないのよ。
  B : 何をいまさら。あの子は幼いころから反抗的だったじゃない。
❸ A : あ、お腹が空いてて頭が回らないよ。
  B : あなたの頭が回るところを一度でいいからみてみたい。
❹ ホントにあなたのせいで頭がおかしくなりそう。お願いだから問題を起こさないでおとなしくしてろと何度言ったのよ。私の髪の毛がスカスカになってるのを見てよ。
❺ こんなところにへそくりを隠しておけば見つからないとでも思ってたの? 私がすべて見抜いてることにまだ気づいてないんだよね。

....

答え **❶** 굳어 **❷** 컸다 **❸** 돌아가, 돌아가는 **❹** 돌겠 **❺** 앉아

머리가 띵하다

頭が痛い/頭がジーンと痛い

參 俗語で골이 띵하다ともいう。머리가 지끈거리다 (頭がずきずきする)

잠을 너무 많이 잤더니 머리가 띵하네.

寝すぎたら、頭がジーンと痛いのよ。

머리가 무겁다

頭が重い/気分がすぐれない

參 머리가 복잡하다 (頭が混乱している/頭が複雑だ)

머리가 무거운 게 아무래도 감기 걸린 것 같아.

頭が重くて、どうやら風邪を引いたみたい。

머리가 빠지다

頭を悩ます/髪の毛が抜ける〔直 頭が抜ける〕

參 머리를 뽑다 (髪を抜く)、머리가 벗겨지다 (はげる)

이렇게 머리가 빠지다가 대머리 되는 거 아냐?

こんなに髪が抜けちゃって、はげになったらどうしよう。

머리가 수그러지다/숙여지다

頭が下がる/敬服する

意 尊敬の思いが起こり、敬意を表さずにいられないときに用いる表現。

너의 그 집념에는 정말이지 절로 머리가 숙여진다.

あなたのその執念にはマジ頭が下がるよ。

머리가 핑 돌다

頭がくらっととする

參 머리가 어지럽다 (めまいがする) ともいう。

무지 높다. 여기서 내려다 보니까 머리가 핑 돌아.

超高い！ ここから見下ろしたら頭がくらっととする。

▶ ___의 中から適当な表現을 골라 会話를 完成시켜 봅시다. ◀

빠지다	돌다	띵하다	무겁다	수그러지다

❶ A : 아침에 일어나니까 머리가 (   )고 몸도 나른한 게 아무래도 오늘 하루는 집에서 쉬어야 할까 봐요.

   B : 너 그거 지난주에도 써 먹었거든. 잔말 말고 발딱 일어나서 뛰어와.

❷ A : 너의 그 절약 정신에는 절로 머리가 (   )다.

   B : 지금 내가 짠순이라고 놀리는 거지?

❸ A : 다이어트한다고 두 끼를 굶었더니 머리가 핑 (   ) 게 역시 안 되겠어. 전화해서 통닭이랑 피자 좀 시켜.

   B : 너 다이어트 시작한 지 세 시간밖에 안 됐거든.

❹ 머리를 말리고 나면 (   ) 머리는 바로바로 모아서 버려. 그렇게 밟고 다니지 말고.

❺ 나도 진짜 나이를 먹긴 먹었나 봐. 고작 그거 마시고 다음 날 하루 종일 머리가 (   ) 걸 보면.

.... 日本語訳 ....

❶ A : 朝起きたら、頭が重く体もだるいので、どうやら今日一日は家で休んでたほうがよさそうです。

   B : お前、それは先週にも使ったじゃないか。つべこべ言わず、ぱっと起き上がって走って来い。

❷ A : あなたのその節約の精神には自ずと頭が下がるよ。

   B : 今私のこと、ケチってからかってるんだよね？

❸ A : ダイエットのために二食を抜いたら頭がくらっとしてもうだめだわ。電話してフライドチキンとピザを頼んで。

   B : あんた、ダイエット始めてまだ 3 時間しか経ってないわよ。

❹ 髪を乾かしたら抜けた髪はすぐ拾って捨ててよ。そうやって踏んでないで。

❺ 私ももう年だね。たかがそれくらい飲んで、翌日は一日中頭が痛いんだから。

....

答え ❶ 무겁 ❷ 수그러진 ❸ 도는 ❹ 빠진 ❺ 띵한

머리가 터지다

悩んで頭が痛い〔直頭が爆発する〕
参머리에 쥐가 나다 (頭がつりそうだ／頭が痛くなる) ともいう。

머리가 터질 것 같아. 역시 난 공부 체질이 아니야.
頭が爆発しそう。やっぱり私は勉強には向いてない。

머리를 감싸 쥐다

頭を抱える
意物事に思い悩み、途方に暮れるさま。
参고민하다, 머리를 싸매다ともいう。골치／골머리를 썩이다／앓다
(頭を痛める／悩ます)

머리를 감싸 쥔다고 좋은 아이디어가 나오니?
頭を抱えたらいいアイデアが浮かぶの？

머리를 굴리다

あれこれ工夫する／知恵を絞る／頭を使う〔直頭を転がす〕
意あれこれ苦心して考える。
参머리를 쓰다 (頭を使う)、잔머리를 굴리다 (猿知恵をめぐらす)
ともいう。

머리는 그만 굴리고 그냥 솔직한 감상을 얘기해.
頭で考えないで、ただ正直な感想を言ってよ。

머리를 굽히다/숙이다

頭を下げる／感服する／屈服する
意相手の力、勢いに負けて従うこと。力尽きて。服従すること。
参무릎(을) 꿇다 (屈服する／負けを認める／ひざまずく)

굶어 죽는 한이 있어도 너한테 머리는 안 숙여.
飢え死にすることがあっても、あなたには頭を下げない。

머리를 모으다

額を集める／衆知を集める〔直頭を集める〕
意大勢の人の意見を収集すること。
参머리를 맞대다ともいう。

좋지도 않은 머리, 백날 모으면 뭐 하니?
よくもない頭で、何度も議論してどうしようというの。

Advanced 練習

▶ □ の中から適当な表現を選び会話を完成させましょう。◀

| 숙이다 | 굴리다 | 모으다 | 터지다 | 쥐다 |

❶ A : 눈 딱 감고 한번만 머리 (   )면 되는 거잖아.
   B : 너나 많이 숙여. 내 머린 그런데 쓰려고 달린 게 아니거든.

❷ A : 이거 다 외우려다가 머리 (   )서 죽겠다.
   B : 그러게 누가 시험 전날에 벼락치기하래?

❸ A : 야, 야, 머리 (   ) 소리가 여기까지 다 들린다.
   B : 아니거든. 넌 왜 날 못 잡아 먹어서 난리야?

❹ 다들 머리를 (   )서 생각했다는 게 고작 이거야? 기대도
안 했지만 너무 기대 이하라 할 말이 없다.

❺ 쟨 또 왜 머리를 감싸 (   )고 저러고 있냐? 설마 저번처럼
세상 남자들은 왜 다 자기만 좋아하냐는 망상은 아니겠지?

.... 日本語訳 ....

❶ A : 一度だけ目をつぶって頭を下げれば済むことじゃない。
   B : あなたがたくさん下げてよ。私の頭はそのために付いてるもんじゃないから。
❷ A : これを全部覚えようとして頭が爆発して死にそう。
   B : 誰が試験日前日に一夜漬けしろって言ったのよ。
❸ A : おい、おい、頭を使う音がここまで聞こえてるよ。
   B : 違うよ。あなたは何で私のことを目の敵にするわけ？
❹ 皆協力して考えたのがこれなの？期待もしてなかったけど、あまりにも期待以下なので
言葉も出ない。
❺ あの子はまた何で頭を抱えてるの？まさかこないだみたいに世の中の男性はなぜ皆自分
のことが好きになるんだろうなんて妄想ではないよね。

答え ❶ 숙이 ❷ 터져 ❸ 굴리는 ❹ 모아 ❺ 쥐

머리를 식히다

頭を冷やす
意 興奮した気持ちを抑える。気持ちを冷静にする。

머리 식힌다고 나가서는 돌아올 생각을 안 하네.
頭を冷やすと出かけて、帰ってくる気配がないんだね。

머리를 스치다

頭をよぎる
意 何らかの考えや懸念が心中に浮かぶ。
参 뇌리를 스치다 (脳裏をよぎる) ともいう。

지금까지의 수상한 행동들이 머리를 스치면서 의심이 드는 거야.
今までの怪しい行動が頭をよぎって疑いが生じるのよ。

머리를 (쥐어)짜다

知恵を絞る/頭をひねる〔直 頭を絞る〕
意 知恵をあるだけ出し切ること。よく考えて出せる知恵をすべて出すこと。

아무리 머리를 쥐어짜 봐도 아무 해결책도 안 떠올라.
いくら知恵を絞っても解決策が全く思い浮かばない。

머리를 짓누르다

頭を押さえつける/精神的にこたえる
意 精神的につらいことが押し寄せてくる。

양심의 가책이 머리를 짓눌러서 너무 괴로워.
良心の呵責が頭を押さえつけて、つらすぎる。

머리를 하다

髪を手入れする/パーマをかける〔直 頭をする〕
意 髪をセットする。髪型を変える。美容院に行く。

머리할 때가 한참 지난 거 아냐? 거울 좀 보면서 살아.
パーマをかけ直す時期がとっくに過ぎてるんじゃない?たまには鏡も見てよ。

▶ ☐ の中から適当な表現を選び会話を完成させましょう。◀

| 식히다 | 짓누르다 | 쥐어짜다 | 하다 | 스치다 |

❶ A : 내가 머리를 어디서 (　　　　)냐고? 왜? 같이 갈래?
　 B : 아니, 거기는 피해서 가려고.

❷ A : 머리도 (　　　　) 겸 드라이브나 갈까?
　 B : 연휴에 차가 얼마나 막히는데. 머리 (　　　　)러 갔다가 오히
　　　려 열 받아 오겠다.

❸ A : 그 말을 듣는 순간 불길한 예감이 머리를 (　　　　) 거야.
　 B : 소설을 써라. 소설을 써.

❹ 부담감이 머리를 (　　　　)서 실력 발휘를 제대로 못했다고? 그
　 걸 극복하고 결과를 남기는 사람이 일류인 거야.

❺ 어떻게 하면 큰돈을 벌 수 있을까 일주일을 방에서 머리를
　 (　　　　) 봤지만 결론은 그냥 생긴 대로 살자는 거야.

.... 日本語訳 ....

❶ A : 私が通ってる美容院がどこなのかって？ 何で？ いっしょに行く？
　 B : いや、そこは避けようと思ってね。
❷ A : ついでに頭も冷やしてドライブに行く？
　 B : 連休に車がどれほど渋滞するか知ってるの？頭を冷やしに行ったのが返ってムカつ
　　　くかもよ。
❸ A : その話を聞いた瞬間、不吉な予感が頭をよぎったのよ。
　 B : 小説を書けよ、小説を。
❹ 負担が頭を押さえつけててまともに実力発揮ができなかったって？それを乗り越えて結
　 果を残すのが一流なのよ。
❺ どうすれば大金を稼げるか、1週間、部屋で必死に頭をひねってみたけど、結論は身の
　 程をわきまえて生きるってことなの。

....

答え　❶ 하　❷ 식힐, 식히　❸ 스치는　❹ 짓눌러　❺ 쥐어짜

113

머리에 까치집을 짓다

髪がぼさぼさになっている/髪の毛に寝癖がついている/寝癖
がひどい〔直頭にカササギの巣を作る〕

머리에 까치집을 지은 꼴로 나갈 거야?
寝癖がひどいのに、そのまま出かける気なの?

머리에 맴돌다

頭から離れない/しきりに思い出される〔直頭にぐるぐる回る〕
意頭から消すことができないさま。
参耳に맴돌다 (耳に付く)

한번 들었을 뿐인 노래 가사가 하루 종일 머리에 맴돌아.
一度聞いただけの歌の歌詞が一日中頭から離れないのよ。

머리끄덩이를 잡다

取っ組み合いのけんかをする〔直髪の端を掴む〕
参머리채를 잡다ともいう。

사람들 보는 데서 머리끄덩이를 잡고 싸웠다고?
人前で取っ組み合いのけんかをしたってことなの?

머리털이 곤두서다

髪の毛が逆立つ
意恐怖やおぞましさなどの感情を形容する際に用いられる。
参머리칼이 곤두서다ともいう。

그 눈빛을 보는 순간 , 머리털이 곤두서는 기분이었어 .
その目つきを見た瞬間、髪の毛が逆立つ気分だったわ。

머릿속이 하얘지다

頭が真っ白になる
意極度の緊張などにより、論理的な思考がうまくできなかった
り、重要なことをど忘れしたりといった状況に陥ること。

뭐야, 들킨 줄 알고 머릿속이 하얘졌잖아.
何よ。バレたかと思って頭の中が真っ白になったじゃない。

▶ ｜ ｜の中から適当な表現を選び会話を完成させましょう。◀

맴돌다　　곤두서다　　잡다　　짓다　　하얘지다

❶ A : 째려보는 그 눈빛 봤어? 와, 진짜 섬찟하더라.

　 B : 머리털이 (　　　　) 느낌이란 게 이런 거구나 싶더라니까.

❷ A : 무대에 서는 순간 머리속이 (　　　　)서 아무 생각도 안 나
　　 는 거야.

　 B : 으이그, 지금까지 연습한 게 다 도로아미타불이 됐잖아.

❸ A : "너 살쪘지?"라는 말이 계속 머리에 (　　　　)아.

　 B : 그렇게 신경 쓰인다는 건 너도 자각하고 있다는 거 아냐?

❹ 아니, 그런 말을 듣고 그냥 참았단 말이야? 그럴 때는 머리끄덩이
　 를 (　　　　)고 혼내 줘야 다신 안 기어오르지.

❺ 머리에 까치집을 (　　　　) 놓고는 지금 일어난 게 아니라고? 머
　 리에 무스라도 바르고 거짓말해라.

.... 日本語訳 ....

❶ A : 睨むその目つき見た？ うわー、マジでぞっとしたよ。
　 B : 髪の毛が逆立つってこんな感じなんだなと思ったってば。
❷ A : 舞台に立った瞬間、頭が真っ白になって何も思い出せなかったのよ。
　 B : まったく、今まで練習してきたのがすべて水の泡になったじゃない。
❸ A : あんた太ったんでしょ?という言葉がずっと頭から離れないよ。
　 B : そこまで気にしてるってことは本人も自覚してるってことじゃない?
❹ そんなことを言われたのに我慢したってことなの?そんなときは髪をとっつかまえて痛
　 い目に合わせないとだめよ。
❺ 髪がぼさぼさなのに、今起きたんじゃないって？ 髪にムースでもつけてから嘘つけよ。

....

答え ❶ 곤두서는　❷ 하얘져　❸ 맴돌　❹ 잡　❺ 지어

115

뒷북치다 　手遅れになって騒ぎ立てる

뒷북치지 말고 조용히 있어.
後から騒がないで静かにしてて。

물(이) 좋다 　客のレベルが高い/生きがいい

여기 물 진짜 좋은데? 난 왜 몰랐지?
ここイケメンぞろいだね。私は何で知らなかったんだろ?

바닥(이) 나다 　底をつく

은행 잔고 바닥난 지가 언젠데.
とっくの昔に銀行の残高は底をついたのよ。

히트를 치다 　ブレイクする/ヒットを飛ばす/ヒットを打つ

이것만 히트 치면 돈방석에 앉는 건데 말이야.
これさえブレイクすれば大金持ちになれるんだけどね。

빼도 박도 못 하다 　取り返しのつかない

이젠 빼도 박도 못 해. 끝까지 갈 수밖에 없어.
もう二進も三進もいかない。最後までやるしかない。

뻥치다 　うそをつく

뻥치고 있네. 그걸 누가 믿어?
うそだわ。誰が信じるもんか。

선수를 치다 　先手を打つ

네가 먼저 선수를 쳐서 뺏어 와.
お前が先手を打って取っちゃえ。

第10章

心に関する
慣用表現1

마음에 거슬리다

気に障る

戀嫌な気持ちを起こさせる。感情を害する。参神経에 거슬리다,
기분이 상하다, 빈정 상하다 (俗語), 비위에 거슬리다ともいう。

쟤 말이 마음에 거슬리면 참지 말고 받아쳐.
あの子の言葉が気に障ったら、我慢しないで言い返して。

마음에 걸리다

気になる/気にかかる〔直心にかかる〕

戀心にかかって離れず、心配である。
参꺼림칙하다, 신경이 쓰이다ともいう。

아까 걔 표정이 어둡던 게 왠지 마음에 걸리네.
さっき、あの子の表情が暗かったのが何だか気になる。

마음에 두다

気にする/心に留める / 念頭に置く〔直心におく〕

戀いつも意識して、忘れないでおく。
参염두에 두다ともいう。마음에 담아 두다 (根に持っている)

마음에 둔 사람한테는 더 심술맞게 군다니까.
意中の人にはもっと意地悪するんだから。

마음에 들다

気に入る

戀好みにかなう。心を満足させる。

마음에 드는 게 없음 빨리 나가자. 가게 영업 방해야.
気に入ったものがなければ早く出ようよ。営業妨害だわ。

마음에 맺히다

胸にこびりつく/しこりが残る

戀争いなどが終わっても完全に決着がつかず、次の争いの火
種が残ること。 参가슴에 맺히다ともいう。

너 평소에 나한테 (마음에) 맺힌 게 많았나 보네?
日ごろ私にたまってたことが多かったようだね?

▶ ☐ の中から適当な表現を選び会話を完成させましょう。◀

```
두다    들다    맺히다    거슬리다    걸리다
```

❶ A : 선물이 마음에 들지 모르겠네.
　 B : 마음에 안 (　　　)면 내 취향대로 바꿔도 돼? 그럼, 영수증
　　 도 같이 줄래?

❷ A : 고생하면서 컸다는 얘기를 듣고 나도 마음이 아팠어. 근데 문
　　 제는 그런 사람은 마음에 (　　　) 것도 많을 거 아냐.
　 B : 너 같이 선입견을 가진 사람들 때문에 그런 사람들이 더 힘든
　　 거야.

❸ A : 나 마음에 (　　　) 사람 있거든.
　 B : 너 혼자 마음에 (　　　)면 뭐 하냐?

❹ 조금 마음에 (　　　)고 바로 관계를 끊어 버리니까 네 주변에
　 사람이 없는 거야.

❺ 내가 보기엔 평소랑 똑같던데 뭐가 자꾸 마음에 (　　　)는
　 거야? 하여튼 유난을 떨어요. 네 감은 맞지도 않잖아.

日本語訳

❶ A : プレゼントが気に入るか分かんないけど。
　 B : 気に入らなければ私の好みに換えてもいい？ だったら領収証もくれる？
❷ A : 苦労して育ったという話を聞いて、私も心が痛んだのよ。でも問題は、そういう人
　　 は心に傷も多いはずじゃない。
　 B : あなたみたいに先入観を持った人々のせいであの人たちがもっとつらいのよ。
❸ A : 私、意中の人がいるのよ。
　 B : あなた一人だけ心に留めといてどうするの？
❹ ちょっと気に障るからといってすぐ関係を断ち切っちゃうから、あなたの周りには人がい
　 ないんだよ。
❺ 私が見るには普段とまったく変わらないのに、何がずっと気になるっていうのよ。大げ
　 さなんだから。あなたの勘は当たらないじゃない。

答え　❶들　❷맺힌　❸둔, 두　❹거슬린다　❺걸린다

마음에 새기다

肝に銘ずる〔直 心に刻む〕
意 心に強く刻み付けて忘れない。
参 명심하다, 가슴에 새기다ともいう。

그 말씀 마음에 새겨 두고 평생 좌우명으로 삼을게요.
そのお言葉を肝に銘じて一生の座右の銘にいたします。

마음에 없다

心にもない
参 마음에 없는 말/소리를 하다 (心にもないことを言う) の形で
よく使われる。

금방 후회할 거면서 마음에도 없는 말을 왜 해?
すぐ後悔するくせに何で心にもないことをいうのよ。

마음에 와닿다

心に響く/共感する/しみじみと感じる
意 強く感動して、印象に残る。感じ入って、心が引きつけられる。
参 가슴에 와닿다ともいう。

참 좋은 말인데도 왜 전혀 마음에 안 와닿을까?
とてもいい話なんだけど、何でまったく心に響かないんだろ?

마음에 짚이다

見当がつく/目星がつく
意 はっきりしていない事柄について大体の予想ができること。
参 짐작(이) 가다ともいう。

걔가 화가 난 이유? 난 마음에 짚이는 게 전혀 없는데?
あの子が怒ってる理由? 私は全く見当がつかないんだけど?

마음에 찔리다

気が咎める/呵責を感じる
意 後ろめたい気持ちがする。やましさを感じる
参 양심에 걸리다, 가슴에 찔리다, 켕기다ともいう。

말까지 더듬는 걸 보니 역시 (마음에) 찔리는 게 있나
보네.
言葉まで口ごもるのをみると、やっぱり後ろめたいことがあるんだね。

▶ ⬜の中から適当な表現を選び会話を完成させましょう。◀

없다　　새기다　　와닿다　　찔리다　　짚히다

❶ A : 그렇게 마음에도 (　　　　) 말을 해서 사람한테 상처 주는
　　거 아니야.
　　B : 누가 그래? 마음에도 없는 말이라고?

❷ A : 왜? 너도 양심이라는 게 있어서 마음에 (　　　　)니?
　　B : 아니, 내가 뭘 어쨌다고? 왜 생사람 잡고 그래.

❸ A : 오늘의 실패를 마음에 (　　　　)고 잊지 않도록 해.
　　B : 그럼 평생 패배자의 기분으로 살라는 거예요?

❹ 애가 갈 만한 데나 연락할 만한 친구, 어디 마음에 (　　　) 데가
　　전혀 없어? 도대체 엄마라는 사람이 애에 대해서 아는 게 뭐야?

❺ 한마디 한마디가 어쩜 이렇게 마음에 (　　　　)지. 근데 이 반성
　　문 정말 네가 쓴 거 맞아?

日本語訳
---

❶ A：そうやって心にもないことを言って人を傷つけるんじゃないわよ。
　　B：誰がそう言ってる？心にもないことって？
❷ A：何？ あなたにも良心っていうのがあって気がとがめるの？
　　B：いったい私が何をしたというのよ。無実の罪に陥れようとするわけ？
❸ A：今日の失敗を肝に銘じて忘れないようにしてね。
　　B：てことは、一生敗者の気持ちで生きろってことですか？
❹ 息子が行きそうなところや連絡しそうな友だちに心当たりは全然ないの？ 一体お母さんという人が子どもについて何も知らないの？
❺ 一言、一言がひどく心に響くんだよね。ところでこの反省文、本当にあなたが書いたの？

答え ❶ 없는　❷ 찔리　❸ 새기　❹ 짚히는　❺ 와닿는

마음에 차다

心にかなう/満足に思う〔直心に満ちる〕
意望んでいたことにうまく当てはまること。
参성에 차다, 입맛에 맞다, (마음에) 흡족하다ともいう。

마음에 안 차더라도 당사자 앞에서 너무 티를 내지는 마.
気に入らないところがあっても、本人の前でそぶりを見せないで。

마음은 굴뚝 같다

気持ちはやまやまだ〔直心は煙突のようだ〕
意実現できない事柄について、そうあってほしいと願ってはいるのだが、といった考えを表明する際に用いる言い回し。
参 (마음은) 간절하다ともいう。

여행? 가고 싶은 마음은 굴뚝 같지만 완전 빈털터리야.
旅行？ 行きたい気持ちは山々だけど完全にすっからかんなのよ。

마음을 가라앉히다

心を落ち着ける/冷静になる〔直心を静める〕
意興奮を落ち着かせ冷静さを取り戻すこと。
参진정하다ともいう。

흥분하지 말고 일단 마음을 가라앉히고 얘기해.
興奮しないで、とりあえず冷静になって話して。

마음을 고쳐먹다

心を改める/心を入れ替える
意悪事を反省して考え方や行動などを新たにすること。
参개과천선하다, 새사람이 되다ともいう。

마음을 고쳐먹고 새 출발한다더니, 역시 사람은 안 변해.
心を改めて再出発するって言ったのに、やはり人は変わらない。

마음을 굳히다

決心する/心を固める
意物事について決心すること。意思を固める。
参결심하다, 작정하다ともいう。

마음을 굳힌 거 같은데 더 이상 얘기하면 잔소리만 되지.
心を固めたようだから、これ以上話すと口うるさい人になるだけじゃない。

▶ ◯◯◯の中から適当な表現を選び会話を完成させましょう。◀

| 같다   차다   가라앉히다   굳히다   고쳐먹다 |

❶ A : 나도 쟤가 미운 건 아냐. 근데 친구 며느리들이랑 자꾸 비교가
　　되는 걸 어떡해?

　B : 엄마가 욕심을 버릴 수 밖에 없어. 내 보기에 엄마 마음에
　　(　　　　　) 며느리는 아무도 없을 거거든.

❷ A : 오늘부터는 마음을 (　　　　　)고 새사람이 될 거야.

　B : 그 말 한번만 더 들으면 딱 백 번이야.

❸ A : 참석하고 싶은 마음은 굴뚝 (　　　　　)데 하필 그 날 약속
　　이….

　B : 됐다니까. 같은 말을 몇 번이나 하니까 꼭 변명 같잖아.

❹ 제발 이혼해 달라니까. 마음을 (　　　　　) 계기가 필요하다면 내
　가 솔직하게 말해 줄게. 난 정말 당신이라면 지긋지긋해.

❺ 너답지 않게 많이 흥분한 것 같은데 마음을 (　　　　　) 시간이
　필요하다면 잠시 쉬었다가 다시 해도 돼.

······················ 日本語訳 ······················

❶ A : あたしもあの子が憎いわけではない。でも友だちの嫁と比較になるからしょうがな
　　いじゃない。

　B : 母さんが欲を捨てるしかない。私が思うにはお母さんの気に入る嫁さんは絶対見つ
　　からないわよ。

❷ A : 今日からは心を改めて生まれ変わるわよ。

　B : その言葉、あと一回でちょうど100回目なの。

❸ A : 出席したい気持ちはやまやまなんだけど、よりによってその日は約束が…

　B : もういいってば。同じことを何度も言われるとまるで言い訳に聞こえるじゃない。

❹ お願いだから離婚してよ。決心するきっかけが必要なら、私が正直に言ってあげる。私
　はあんたにうんざりなの。

❺ 君らしくなくとても興奮してるようだけど、心を落ち着かせる時間が必要なら、しばらく
　休んでから再開してもいい。

答え　❶ 차는　❷ 고쳐먹　❸ 같은　❹ 굳힐　❺ 가라앉힐

마음을 놓다

安心する〔直 心を置く〕
意 気にかかることなく、心が落ち着いていること。
参 안심하다ともいう。

이기고 있다고 마음 놓지 말고 끝까지 최선을 다해.
勝ってるからといって油断しないで、最後までベストを尽くして。

마음을 다잡다

気を引き締める/気持ちを引き締める
意 自らの心や気持ちを改めて緊張させること。

그래, 지금부터라도 마음을 다잡고 공부하는 거야.
そう、今からでも気を引き締めて勉強すればいい。

마음을 다하다

心を尽くす
意 心の底から想ってやる。できる限りのことをする。 参 마음을
다하여の形でよく使われる。성의를 다하다 (誠意を尽くす)

자네가 마음을 다하여 날 보좌해 준 건 고맙게 생각해.
君が心を尽くして私に仕えてくれたことには、感謝している。

마음을 달래다

心を癒す/慰める〔直 心をなだめる〕
意 怒りや不満などを和らげ静める。
参 가슴을 달래다ともいう。

뭐? 실연한 마음을 달래려고 클럽을 갔다고?
何? 失恋した心を癒すためにクラブに行ったって?

마음을 담다

心を込める
意 愛情や配慮、願い、祈りなどの気持ちを十分に含ませること。
思いやりの気持ちで心の中をいっぱいにする。
参 정성을 담다 (真心を込める)

한눈에 봐도 마음을 담아 준비했다는 걸 알겠어요.
一目見ただけでも心を込めて用意したことが分かります。

Advanced 練習

► ⬜ の中から適当な表現を選び会話を完成させましょう。◄

| 놓다 | 달래다 | 다하다 | 다잡다 | 담다 |

❶ A : 네가 울적해 하는 것 같아서 마음 좀 (   ) 주려고 한 건데.

　B : 너 때문에 오히려 더 울적해 질 것 같거든. 넌 그냥 가만히 있는 게 도와 주는 거야.

❷ A : 내가 마음을 (   ) 준비한 거야.

　B : 이왕이면 지갑을 열어 준비해 주면 더 좋았을 텐데.

❸ A : 아냐, 아냐, 서약서 정도론 역시 마음을 (   ) 수가 없어.

　B : 야, 너 그거 의부증이야. 작작 좀 해.

❹ 진상 손님은 손님 아니에요? 어떤 손님이든 모든 분들께 마음을 (   )여 서비스하라고 몇 번을 말했어요?

❺ 그래, 언제까지 이렇게 살 수는 없어. 그 사람 물건들 다 정리해서 버리고 나도 이제 마음을 (   )고 새 출발할 거야.

日本語訳

❶ A : あなたが落ち込んでるようだったので励ますつもりでやったんだけど。

　B : あなたのせいで余計に落ち込みそうだよ。あなたは何もしないほうが助かる。

❷ A : 私が心を込めて用意したものなの。

　B : どうせなら財布を開けて用意してくれれば、もっと嬉しかったんだけどね。

❸ A : 違う、違う、誓約書程度では安心できないわ。

　B : あなた、それ病気 (疑夫症) だよ。ちょっといい加減にして。

❹ クレーマーはお客様じゃないですか。どんなお客様であれ、全ての方に心を尽くしてサービスをするよう、何度言ったんですか。

❺ そう、いつまでもこうやって暮らせない。あの人のものは全部整理して、私も気持ちを引き締めて再出発するのよ。

答え ❶ 달래 ❷ 담아 ❸ 놓을 ❹ 다하 ❺ 다잡

마음을 독하게 먹다

心を鬼にする〔直心をきつく持つ〕
参마음을 모질게/굳게 먹다ともいう。

마음을 독하게 먹고 담배 좀 끊어.
心を鬼にしてタバコをやめてよ。

마음을 돌리다

思い直す/心を変える
参마음/생각을 바꾸다ともいう。

제발 마음을 돌려. 노력한다고 될 게 아니라니까.
どうか心を変えてよ。努力してなれるもんじゃないってば。

마음(을) 두다

思いを寄せる/関心を持つ〔直心をおく〕
意ある気持ちを人に向ける。人に特定の感情を抱く。特に、ある異性に恋い慕う。 参사모하다ともいう。

넘보지 못 할 사람한테 마음 두지 말라고 했잖아.
望めない人に思いを寄せるなって言っただろう。

마음을 드러내다

心をさらけ出す〔直心を表す〕
意感情を隠すところなく、すべてを表す。ありのまま見せる。
参마음이 드러나다 (心がさらけ出される)

자기 마음을 솔직하게 드러내기가 그렇게 힘들어?
自分の気持ちを素直に表現するのがそんなに大変なの?

마음을 먹다

決心する
意心に決めること。考えを決めること。
参마음 먹기에 달리다 (心構え次第だ/気持ち次第だ)、
마음 먹기에 따라서는 (心の持ちよう次第では)

한번 마음을 먹었으면 끝을 봐야지, 중간에 포기를 해?
一度決心したことは最後までやり遂げないと、途中であきらめるの?

▶ ⬚の中から適当な表現を選び会話を完成させましょう。◀

드러내다 　 　 두다 　 　 돌리다 　 　 먹다 　 　 먹다

❶ A : 뭐? 예스맨인 네가 마음을 독하게 (　　　　　)고 거절하겠다
고? 지나가는 개가 웃겠다.

　 B : 이거 왜 이래? 나도 한다면 하는 사람이야.

❷ A : 너 내가 재한테 마음 (　　　　)지 말라고 경고했지?

　 B : 또 그런다. 너랑 나랑은 친구는 되지만 연인은 안 된다니까.

❸ A : 내가 어떻게 하면 네 마음을 (　　　) 수가 있을까?

　 B : 요즘 샤넬하고 구찌 신상 백이 핫하다던데.

❹ 지금까지 마음 (　　　　)서 안된 일이 없었는데 이런 하찮은 일
로 쓴맛을 보게 될 줄이야.

❺ 네가 솔직하게 자기 마음을 (　　　　)지 않으니까 기다리다 지
쳐서 다른 남자한테 가 버린 거잖아.

········· 日本語訳 ·········

❶ A : 何? イエスしか言えないあなたが心を鬼にして断るって? 犬にも笑われることをよ
く言うわ。

　 B : バカにするなよ。私もやると決めたらやる。

❷ A : あなた、俺があいつには思いを寄せるなと警告しただろ?

　 B : また言う。あなたと私は友だちにはなれても、恋人にはなれないってば。

❸ A : 私がどうすればあなたの気持ちが変わるのかな。

　 B : 最近シャネルとかグッチの最新モデルのバッグが人気って聞いたんだけどね。

❹ 今まで心に決めて失敗したことがなかったのに、こんなちっぽけなことで苦い思いをす
ることになるとは。

❺ あなたが素直に自分の気持ちを表してくれないから、待ちくたびれて別の男性のところ
に行ってしまったじゃない。

答え **❶** 먹 **❷** 두 **❸** 돌릴 **❹** 먹어 **❺** 드러내

밴댕이 소갈머리 些細なことにも執着し度量の狭い人 / 非常に狭い了見

완전 밴댕이 소갈머리야. 넌 쟤 어디가 좋은 거야?
器量の小さすぎる男だわ。あなたはあの子のどこが好きなの?

귀신이 곡하다 (귀신이 곡할 노릇이다) 非常に不思議だ / 奇怪なことだ [直] 鬼神が哭する

귀신이 곡하겠네. 도대체 이게 어디로 갔지?
おかしいな。一体どこへ消えたのよ。

씨(알)도 안 먹히다 筋が通らない / 通じない / ぜんぜん相手にしてくれない

씨알도 안 먹히는 소리는 하지도 마.
無駄なことは言うな。

아귀가 맞다 道理にかなう / つじつまが合う

아귀가 안 맞잖아. 이게 말이 돼?
つじつまが合わないじゃないか。納得いかない。

딴전 부리다 (딴청 피우다) とぼける / 知らないふりをする

딴전 부리지 말고 빨리 바른대로 말 못 해?
とぼけないでさっさと本当のことを言えよ。

골탕을 먹이다 ひどい目に合わせる / さんざんな目に合わせる

너 나 골탕 먹이려고 일부러 그런 거지?
お前、私を困らせようとわざとやったんだよね。

한술 더 뜨다 いっそうひどくなる / 輪をかける / やり方が当の相手よりなおさら甚だしい

걔는 심한 것도 아니야. 걔 엄마는 한술 더 떠요.
あの子はそうひどいほうでもない。そのお母さんはもっと輪をかけてるよ。

心に関する
慣用表現 2

마음을 붙이다

心を寄せる/夢中になる
意①思いをかける。好意を抱く。②関心を持つ。熱中する。傾倒する。 参정(을) 붙이다 (情を寄せる/馴染むようにする)

취미에라도 마음을 붙여 보면 생활이 더 재미있을 텐데.
趣味に夢中になれたら、生活がもっと楽しくなるはずなのに。

마음을 비우다

欲を捨てて心を楽にする/期待をせず平常心になる〔直心を空にする〕参욕심을 버리다 (欲を捨てる) ともいう。

마음을 비워. 그럼 세상이 달라 보일 거야. 장담은 못하겠지만.
欲を捨てて。そしたら世の中が変わって見えるはずだよ。保証はできないけど。

마음을 사다

歓心を買う/取り入る〔直心を買う〕
意相手の機嫌を取って、気に入られるように努める。
参환심을 사다ともいう。의심을 사다 (疑われる)、호감을 사다 (好感を買う)、원한을 사다 (恨みを買う)

사람 마음을 물건으로 살 수 있냐고? 넌 왜 내 옆에 있어?
人の心をモノで釣れるかって？ あなたは何で私のそばにいるの？

마음을 사로잡다

心を奪う/心をとらえる/心をつかむ〔直心を引き付ける〕
意非常に好ましい印象を持ってもらう。気に入られる。惹きつける。あるいは興味を持ってもらう。

마음을 사로잡는 마성의 보이스, 진짜 죽인다.
心を虜にする魔性のボイス、最高！

마음을 쓰다

気を遣う/気を配る/(他人を) 思いやる〔直心をつかう〕
意あれこれと配慮すること。
参신경을 쓰다ともいう。마음 씀씀이 (気遣い)

여기서 기다릴 테니까 나한테 마음 쓰지 말고 일 해.
ここで待ってるから、私のことは気にしないで仕事をして。

▶ ___の中から適当な表現を選び会話を完成させましょう。◀

사로잡다　　비우다　　붙이다　　쓰다　　사다

❶ A : 이런 반지 하나로 내 마음을 (　　　　　) 수 있을 것 같아? 내
가 그런 속물로 보여?
　　B : 너 벌써 끼고 있잖아. 싫으면 빼.

❷ A : 그냥 마음을 (　　　　　). 욕심낸다고 네 게 되는 게 아니잖아.
　　B : 그게 말처럼 간단하면 이렇게 괴롭지도 않겠지.

❸ A : 마음 (　　　　　)지 마. 나 혼자서 하면 돼.
　　B : 그러면서 내 가방은 왜 잡고 있니?

❹ 고객들 마음을 (　　　　　) 수 있는 참신한 이벤트를 기획하라고
했더니 다 다른데서 한 것들만 베껴 오면 어떡해?

❺ 뭐? 지금 회사가 너무 싫어서 그만둔다고? 너 저번에도 그래서 지금
회사로 옮긴 거잖아. 무조건 싫다고 하지 말고 마음을 (　　　　　)
고 노력해 봐.

--------------------- 日本語訳 ---------------------

❶ A : こんな指輪一つで私の心を買えると思ってるの? 私がそんな俗物に見えるの?
　　B : 君もうはめてるじゃないか。嫌なら外せよ。
❷ A : 欲を捨ててよ。欲張るからって自分のものになるわけではないじゃない。
　　B : それが言葉ほど簡単なら、こうやって苦しんだりもしないだろうね。
❸ A : 気を遣わないで。私一人でやればいいの。
　　B : そう言いながら私のカバンを何でつかんでるの?
❹ 顧客の心を虜にできる斬新なイベントを企画するように言ったのに、全部他からパクっ
てきてどうするのよ。
❺ 何?今の会社が嫌いで辞めるって? あなた、前回もそれで転職したじゃない。嫌がるば
かりでなく、好きになれるよう努力してみてよ。

答え　❶살　❷비워　❸쓰　❹사로잡을　❺붙이려

마음을 움직이다

心を動かす
意 感動する。心を打たれる。興味を誘われる。

사람들 마음을 움직일 수 있는 결정적인 한마디가 필요해.
人々の心を動かせる決定的な一言が必要なの。

마음을 잡다

心を入れ替える〔直 心をつかむ〕
意 今までの態度や考え方が間違いであったことに気づいて改める。改心する。

한 며칠 마음잡고 착실히 공부한다고 했어, 내가.
数日間は心を入れ替えて真面目に勉強するんだなと思ったのに。

마음을 정하다

心を決める/腹を決める
意 決心を固める。覚悟をする。
参 작심하다, 결심하다, 마음먹다ともいう。

한번 마음을 정했으면 흔들리지 말고 밀고 나가.
一度決めたら、揺るぐことなく推し進め。

마음을 졸이다

気を揉む/ひやひやする/はらはらする
意 あれこれと心配すること。 参 노심초사하다, 조마조마하다, 속을 태우다, 가슴을 졸이다ともいう。

얼마나 마음을 졸였던지 한 십 년은 더 늙은 것 같아.
どれほどはらはらしたのか、十歳は老けちゃったわ。

마음을 주다

心を許す〔直 心をあげる〕
意 警戒心を持たないで相手に接する。相手に対して遠慮せずに接することができるさま。

쉽게 마음 주면 쉽게 상처 받는다고 했잖아.
簡単に心を許すと、簡単に傷つくと言ったよね。

► ☐ の中から適当な表現を選び会話を完成させましょう。◄

주다　　졸이다　　정하다　　움직이다　　잡다

❶ A : 연락이 안돼서 내가 얼마나 마음 (　　　　)지 알아요?
　　B : 여보, 한 시간마다 체크한다고 회사 사람들이 다 비웃어.

❷ A : 쟤는 한번 마음 (　　　　) 사람한테는 다 퍼 주는 스타일이
　　잖아.
　　B : 이용만 당하고 나중에 혼자 우니 문제지.

❸ A : 이제 마음 (　　　　)고 착실히 사나 했더니 쯧쯧.
　　B : 사람 본성이 그렇게 쉽게 바뀌겠어? 기대할 걸 기대해야지.

❹ 구차하게 변명만 늘어놓는 그 사람을 보면서 마음을 (　　　　)
　　어. 이젠 정말 끝낼 때라고.

❺ 사람 마음을 (　　　　) 건 물질적인 게 아니라 진심이라고? 어쩌
　　지? 내 마음은 물질적인 걸 더 좋아하나 봐.

日本語訳

❶ A : 連絡が取れなくて私がどれほど気を揉んだか知ってるんですか?
　　B : あなたね、一時間ごとにチェックしてると会社の人に笑われてるよ。
❷ A : あの子は一度心を許した人にはとことん尽くすタイプじゃない。
　　B : 利用ばかりされたあげく一人で泣くことになるから問題だろ。
❸ A : やっと心を入れ替えて、真面目に生きようとしてるのかなと思ったら。チッ。
　　B : 人の本性がそう簡単に変わると思う? 期待する方がおかしいよ。
❹ 苦しい言い訳ばかり並べているあの人を見て、心を決めたの。もう終わりにする時だと。
❺ 人の心を動かせるのは物質的なものではなく真心だって? どうしよう。私の心は物質的
　　なものがより好きみたい。

答え　❶ 졸였는　❷ 준　❸ 잡　❹ 정했　❺ 움직이는

마음을 추스리다

気持ちを整える/元気を出す
🈨乱れていた気持ちを整理する。
🈦기운을 차리다, 기운을 내다, 힘을 내다とも言う。

충격이 크겠지만 빨리 마음을 추스려야지.
ショックが大きいでしょうが、もういい加減気持ちを整えないと。

마음을 태우다

心配する/心を焦がす/胸を焦がす〔🈩心を燃やす〕
🈨心を悩ます。苦悩する。
🈦애태우다, 걱정하다, 우려하다, 가슴을 태우다, 속(을) 끓이다
とも言う。

언제까지 자식 때문에 마음 태우면서 살 거야?
いつまで子どものことで心配するつもりなのよ。

마음을 터놓다

腹を割る/思いを打ち解ける/心を開く
🈨本心を打ち明ける。隠さずに心の中をさらけ出す。
🈦흉금을 털어놓다, 가슴을 터놓다, 까놓고 말하다とも言う。

마음을 터놓고 얘길 해? 툭하면 사람 뒤통수치는 너랑?
腹を割って話す? しょっちゅう不意打ちをするお前と?

마음을 표하다

気持ちを表す
🈦경의를 표하다 (敬意を払う)、조의를 표하다 (お悔やみを述べる)

그냥 내 마음을 표하려는 거니까 부담은 가지지 마.
ただ私の気持ちを表したかっただけだから、負担を感じないで。

마음을 헤아리다

心をくみ取る/心中を推し量る/気持ちを察する〔🈩心を推測する〕
🈨相手の立場を考えて物事を行うこと。

사람들 마음을 헤아려 줄 줄도 좀 알아라.
少しは人の気持ちも察してあげないと。

▶ ☐ の中から適当な表現を選び会話を完成させましょう。◀

추스리다　　태우다　　표하다　　터놓다　　헤아리다

❶ A：지구가 멸망이라도 했니? 세상에 널린 게 남자야. 빨리 마음
　　（　　　　　）고 깨끗하게 잊든가, 정 분하면 복수라도 하든가.
　　B：남자랑 깨지고 일년을 울고불고 했던 게 누구였는데?

❷ A：꼭 말로 해야 돼? 그냥 내 마음을 （　　　　） 주면 안 돼?
　　B：당신이야말로 말로 하면 안 돼? 우리가 어벤저스 찍어, 지금?

❸ A：고민이 있으면 혼자 마음 （　　　　）지 말고 도움이 필요하면
　　얘기해.
　　B：누구한테? 맨날 나한테 징징대는 너한테?

❹ 감사하는 마음을 （　　　　） 싶다면서 내 취향은 완전 무시하고
자기 취향대로 고르는 건 무슨 심보야?

❺ 난 네가 마음을 （　　　　） 수 있는 사람이라고 믿었는데. 어떻게
하루만에 내 고민을 주위 사람들이 다 알게 되니?

.... 日本語訳 ....

❶ A：地球が滅亡でもしたの？ 世の中に男なんかいくらでもいるよ。早く気持ちを整理し
　　てきれいに忘れるか、悔しけりゃ復讐でもしたら。
　　B：彼氏と別れて一年間泣き叫んでたのは、誰だったっけ？
❷ A：必ず言葉で言わないといけないの？ ただ私の心をくみ取ってくれてはいけないの？
　　B：そっちこそ言葉で表現できないのか？ 俺たちはアベンジャーズでも撮ってるのか？
❸ A：悩みがあるなら、一人でくよくよしないで私に助けを求めてよ。
　　B：誰に？ いつも私にぶつぶつ不満を漏らすあなたに？
❹ 感謝の気持ちを伝えたいと言いながら、私の好みは完全に無視して自分の好みで選ぶ
のはどういう神経なの？
❺ 私はあなたが打ち解けられる人だと信じてたのに。どうしたらたったの一日で私の悩み
を周りの皆が全部知ってるわけ？

....

答え ❶ 추스리 ❷ 헤아려 ❸ 태우 ❹ 표하고 ❺ 터놓을

마음을 훔치다

心をつかむ〔直心を盗む〕
(意)心を奪う。面白さやすばらしさなどで、人の心をすっかり引きつける。

뭐? 마음을 훔쳐? 닭살. 코멘트가 왜 이렇게 구려?
何?心を盗む? 鳥肌立つ。表現がダサーい。

마음이 가다

心が引かれる/心が傾く/気が向く〔直心が行く/向かう〕
(意)関心を呼び起こされるさま。興味をそそられる。心が引きつけられる。

고민하지 말고 네 마음이 가는 대로 결정해.
悩まないであなたの気持ちが向くまま決めて。

마음이 가라앉다/진정되다

心が落ち着く〔直心が沈む〕
(意)動揺が静まり、安定した状態になる。

지금 말고 마음이 좀 진정되면 그 때 다시 얘기하자.
今ではなくて、気持ちが少し落ち着いたらそのときにまた話そう。

마음이 가볍다

気が軽い/気持ちが軽い〔直心が軽い〕
(意)気分的に負担がなく、楽なこと。
(参)마음이 홀가분하다, 개운하다ともいう。

실컷 울고 났더니 마음이 좀 가벼워졌어.
思いっきり泣いたら、心が少し軽くなったわ。

마음이 곱다/착하다

気立てが良い/優しい
(意)人の性格がいいさま。思いやりがあって親切だ。心温かい。
(参)마음씨가 곱다, 다정하다, 상냥하다ともいう。

마음이 고운데다 얼굴까지 곱다고? 요즘 세상에?
性格がよくて、その上、顔まできれいって? 今時?

▶ ☐ の中から適当な表現を選び会話を完成させましょう。◀

훔치다　　　착하다　　　진정되다　　　가다　　　가볍다

❶ A : 다 털어놓고 나니까 마음이 이렇게 (　　　　　)데 왜 망설였
　　　을까?
　　B : 반대로 내 마음은 지옥이야.

❷ A : 전혀 내 타입이 아닌데도 이상하게 마음이 (　　　　　) 사람
　　　있잖아.
　　B : 길게 얘기할 필요도 없어. 사랑이야, 고백해.

❸ A : 나쁜 사람, 멋대로 내 마음을 (　　　　)니.
　　B : 제발 가져가. 난 훔친 적도 없고 훔칠 마음은 더더욱 없어.

❹ 남의 부탁을 거절 못 하는 건 좋게 말하면 마음이 (　　　　　) 거
고, 나쁘게 말하면 우유부단한 거야.

❺ 아니, 마시면 마음이 (　　　　　) 거라고 권하길래 딱 한잔만 할
생각으로 받아 마셨을 뿐이라니까.

・・・・・・・・・・・・・・・・・・・・・ 日本語訳 ・・・・・・・・・・・・・・・・・・・・

❶ A : 全部打ち明けたら気がこんなに軽いのに、何を悩んでたんだろう。
　　B : 反対に私の心は地獄だよ。
❷ A : あのさ。全然自分のタイプでもないのに、妙に心が惹かれる人っているじゃない。
　　B : 長く話す必要もない。恋だよ。告白して。
❸ A : 悪い人、断りもなく私の心を盗むなんて。
　　B : お願いだから持って行ってよ。僕は盗んだこともないし、盗む気もさらさらないよ。
❹ 人の頼みを断れないのは、よく言えば優しいし、悪く言えば優柔不断なの。
❺ いや、飲めば落ち着くと勧められて、一杯だけのつもりで飲んだだけだってば。

答え ❶ 가벼운　❷ 가는　❸ 훔치다　❹ 착한　❺ 진정될

마음이 끌리다/당기다

心が引かれる/心が引き付けられる
意 好意を寄せる。興味・関心を呼び起こされるさま。
参 귀가 솔깃하다ともいう。

조건이 완벽한 남자인데 난 왜 마음이 안 끌릴까?
条件が完璧な男性なのに、何で私は心が引かれないのかな。

마음이 급하다

気が急く/気持ちが焦る
意 早くしようと気持ちがはやる。

마음이 급해 죽겠는데 차는 또 왜 이렇게 막히는 거야?
気が急いてるのに、何で道路はこんなに混んでるのよ。

마음이 누그러지다

心が和らぐ
意 気持ちが穏やかになるさま。 参 화가 누그러지다(怒りが鎮まる)、표정이 누그러지다(表情が和らぐ)

여친 마음이 누그러질 때까지 빌고 또 빌어.
彼女の心が和らぐまでひたすら謝って。

마음이 내키다

気乗りする/気が進む/気が向く
意 ある事をしたい気になる。 参 기분이 내키다ともいう。마음이 안 내키다, 내키지가 않다の否定形でよく使われる。

영 마음이 안 내키면 무리해서 참석 안 해도 돼.
どうしても気が進まなければ、無理して参加しなくてもいい。

마음이 넓다

心が広い
意 おおらかで、周囲の状況や他人の行動をよく受け入れる。度量が広い。 参 관대하다, 가슴이 넓다ともいう。

마음이 넓어? 세상에 저렇게 속 좁은 인간도 없을 거야.
心が広い？ 世の中にあんなに心の小さいやつはいないよ。

▶ ⬚の中から適当な表現を選び会話を完成させましょう。◀

| 내키다 | 누그러지다 | 끌리다 | 급하다 | 넓다 |

❶ A : 애가 생기면 어머님 마음도 좀 (   )시지 않을까?

　 B : 그건 당신이 우리 엄마를 몰라서 하는 말이야. 우리 엄만 한번 아니면 아닌 사람이야.

❷ A : 마음이 (   ) 건 알겠는데 아무리 그래도 순서는 지켜야죠.

　 B : 그러면서 네 친구는 왜 슬며시 새치기하는 거야?

❸ A : 너도 얼굴 그만 보고 우리 남친처럼 마음이 (   ) 사람을 만나.

　 B : 엉? 한번 삐치면 삼 일 동안은 전화도 안 받는 그 남친?

❹ 말만 들어 보면 두번 다시 없을 좋은 조건인데 이상하게 마음이 안 (   )단 말이야. 이럴 때는 내 감을 믿어야 돼.

❺ 정말 얼굴도 아니고 성격도 더러운데 왜 자꾸 마음이 (   ) 거냐 말이야. 왜 내 마음이 날 배신하는 거냐고?

───────── 日本語訳 ─────────

❶ A : 子どもができたら、お母さんの心も少しは和らぐんじゃないかな。
　 B : それはあなたがうちの母さんを知らなくて言うことなのよ。母さんは一度決めたことは変えない人なの。
❷ A : 気が急くのは分かりますが、順番は守らないと。
　 B : そう言いながら、あなたの友だちは何で割り込みをするの？
❸ A : あなたも面食いはやめて、わたしの彼氏みたいに心が広い人と出会って。
　 B : は？一度すねたら三日間は電話にも出ないあの彼氏？
❹ 話だけ聞いてると二度とない良い条件なんだけど、おかしなことに気乗りしないんだよね。こんなときは自分の勘を信じるべきだわ。
❺ 顔も性格も悪いのに、何で心がひかれるのよ、何で。どうして自分の心が私を裏切るわけ？

────────────────────────
答え ❶ 누그러지 ❷ 급한 ❸ 넓은 ❹ 내킨 ❺ 끌리는

体に関することわざ

한 귀로 듣고 한 귀로 흘리다

一方の耳で聞き、一方の耳で流す 　意 人の話を注意して聞かない/聞き流す

간에 붙었다 쓸개에 붙었다 한다

肝臓にくっついたり胆のうにくっついたりする 　意 二股膏薬

배보다 배꼽이 더 크다

腹よりへそが大きい 　意 提灯より柄が太い/本末転倒

열 손가락 깨물어 안 아픈 손가락 없다

五本の指を噛んで痛くない指はない 　意 子がいくら多くても親には皆大事だ

팔이 안으로 굽는다

腕が内側に曲がる 　意 血は水よりも濃い/他人より身内

산 입에 거미줄 치랴

生きた口にクモの巣がかかるか 　意 まさか飢え死にすることはない

내 코가 석자

私の鼻水が三尺 　意 人に構う余裕なんかない/自分のことで精いっぱいだ

믿는 도끼에 발등 찍힌다

信じていた斧に足の甲を打たれる 　意 飼い犬に手を噛まれる

웃는 얼굴에 침 못 뱉는다

笑ってる顔には唾は吐けない 　意 笑顔を見せられては無碍に出来ない

입에 쓴 약이 몸에 좋다

口に苦い薬が体に良い 　意 良薬は口に苦い

第12章

心に関する
慣用表現3

- 마음이 놓이다
- 마음이 돌아서다/변하다
- 마음이 든든하다
- 마음이 들다
- 마음이 들뜨다
- 마음이 따뜻해지다
- 마음이 맞다/통하다
- 마음이 무겁다
- 마음이 불편하다
- 마음이 상하다
- 마음이 생기다
- 마음이 쏠리다
- 마음이 심란하다

- 마음이 쓰이다
- 마음이 아프다
- 마음이 여리다
- 마음이 움직이다
- 마음이 있다
- 마음이 좁다
- 마음이 찡하다
- 마음이 콩밭에 가 있다
- 마음이 풀리다
- 마음이 후련하다
- 마음이 후하다
- 마음이 흐트러지다

마음이 놓이다

安心する/ほっとする〔直心が置かれる〕
意安心して一息つく。胸をなでおろす。
参안심되다, 발을 뻗고 자다ともいう。

재 하는 거 보니까 왜 이렇게 마음이 안 놓이지?
あの子を見てると、何でこんなに安心できないのかな。

마음이 돌아서다/변하다

心が変わる/気が変わる
意考えや気持ちが他へ移る。
参변심하다ともいう。

한 번 마음 변한 남자가 두 번 변하지 말라는 법 있어?
一度心変わりした男が二度心変わりしないという保証があるの？

마음이 든든하다

心強い/頼もしい
意頼りになるものがあって安心である。心丈夫だ。気強い。
参듬직하다, 믿음직스럽다ともいう。

우리 손자는 얼굴만 봐도 마음이 든든해.
孫の顔を見てるだけでも頼もしい。

마음이 들다

気がする/気持ちになる
意そのように感じられる。そのように思う。
参생각이 들다ともいう。

재 눈을 보고 있으면 왜 미안한 마음이 드는 걸까?
あの子の目を見てると、何ですまない気持ちになるのかな？

마음이 들뜨다

心が浮き立つ/心が騒ぐ/心が弾む/うきうきする
意喜びや期待などにより昂揚しているさま。
参가슴이 설레다（胸がわくわくする）ともいう。

여행 간다는 생각에 마음이 들떠서 한숨도 못 잤어.
旅行に行くことで心が浮き立って一睡もできなかったわ。

▶ ◻️ の中から適当な表現を選び会話を完成させましょう。◀

| 들다 | 들뜨다 | 든든하다 | 변하다 | 놓이다 |

❶ A : 무럭무럭 크는 애들 보고 있으면 마음이 (　　　).
　　B : 애 없는 사람의 염장을 질러라.

❷ A : 우리 사이가 옛날 같지 않다는 마음이 (　　　) 건 내 기분
　　　탓일까?
　　B : 미안, 우리 그만 솔직해지기로 하자.

❸ A : 아무리 쉽게 (　　　) 게 사람 마음이라지만, 참.
　　B : 그러게. 좋아 죽겠다고 할 때는 언제고 지금은 미워 죽겠다니.

❹ 너만 믿으라는 그 말 듣고 마음이 (　　　)는 커녕 왜 더 불안
　해지는 걸까?

❺ 해외 발령으로 마음이 (　　　) 있는 건 알겠는데 인수인계는
　제대로 해 줘야지, 후임자 고생할 건 생각 안 해?

--------------------------------- 日本語訳 ---------------------------------

❶ A : すくすくと育つ子どもたちをみてると頼もしい。
　　B : 子どものいない人にむかって傷口に塩よ。
❷ A : 私たちの仲が昔とは違うような気持ちがするのは、私の気のせいかな。
　　B : ごめん。もう正直になろうよ。
❸ A : いくら変わりやすいのが人の心とはいえ、まったく。
　　B : だよね。前は死ぬほど好きって言ってたくせに、今は死ぬほど嫌いって。
❹ あなたを信じろっていう話を聞いて安心するどころか、何でもっと不安になるんだろ?
❺ 海外転勤で気持ちが浮かれていることは分かるけど、引継ぎはしっかりしてくれないと。
　後任の人が苦労するとは思ってないの?

....

　答え ❶ 든든해 ❷ 드는 ❸ 변하는 ❹ 놓이기 ❺ 들떠

마음이 따뜻해지다

心が温かくなる
意 気持ちが穏やかになるさま。
参 가슴이 따뜻해지다, 마음이 훈훈해지다ともいう。

이게 어디가 마음이 따뜻해지는 이야기라는 거야?
これのどこが心温まる話っていうのよ。

마음이 맞다/통하다

気が合う/心が通じ合う/馬が合う〔直 心が合う〕
意 考え方や感じ方が通じ合う。
参 마음이 통하다, 죽이 맞다, 코드가 맞다ともいう。

너랑은 마음이 통한다고 생각했는데 착각이었나 봐.
あなたとは気が合うと思ってたんだけど、勘違いだったようだ。

마음이 무겁다

気が重い〔直 心が重い〕
意 よくない結果が予想されたり、負担を感じることがあって、気持ちが沈む。

꼭 내 탓인 거 같아서 마음이 무거워.
まるで私のせいのようで、気が重いよ。

마음이 불편하다

気まずい〔直 心が不便だ〕
意 互いの気持ちがしっくり合わず不快なさま。打ち解けず、気づまりなさま。 参 찜찜하다, 어색하다, 거북스럽다ともいう。

모르는 사람들 사이에 있으려니까 마음이 불편해.
知らない人の中にいると気まずい。

마음이 상하다

心が傷つく/胸が痛む
意 人の言動で精神的に動揺すること。
参 속(이) 상하다, 기분이 상하다ともいう。

쟤 때문에 마음 많이 상했지? 쟨 원래 말투가 저래.
あの子のせいで傷ついたでしょ？ あの子は、もともと話し方がああなのよ。

▶ ◯◯◯ の中から適当な表現を選び会話を完成させましょう。◀

| 상하다　　따뜻해지다　　무겁다　　불편하다　　통하다 |

❶ A : 실수는 내가 했는데 처벌은 네가 받으니까 마음이 너무
　　　(　　　　　).

　　B : 얼굴은 다른 말 하는 것 같은데.

❷ A : 너랑 쟤는 모든 게 다른데도 친한 거 보면 정말 신기해.

　　B : 뭐가? 취향이나 환경이 달라도 마음만 (　　　　　)면 친구가
　　　될 수 있는 거 아냐?

❸ A : 아까 네 말에 마음 (　　　　　) 것 같더라. 다음에 보면 사과해.

　　B : 내가 뭐 없는 말했어? 사실을 말했을 뿐이잖아.

❹ 뭐? 나랑 같이 있으면 마음이 (　　　　　)고? 내가 그 이유를 말
　해 줄까? 그건 내가 네가 듣기 싫어하는 바른 말만 하기 때문이야.

❺ 인생이 힘들다고 느낄 때 아주 사소한 배려 하나로 마음이
　(　　　　　) 순간, 경험해 본 적 없어?

⋯⋯⋯⋯⋯⋯⋯⋯⋯⋯⋯⋯⋯⋯⋯⋯⋯⋯ 日本語訳 ⋯⋯⋯⋯⋯⋯⋯⋯⋯⋯⋯⋯⋯⋯⋯⋯⋯⋯

❶ A : ミスは私がしたのに、処分はあなたが受けるから気が重いよ。
　　B : 顔は違うことを言ってるようだけど。

❷ A : あなたとあの子は共通点が一つもないのに、仲がいいのが不思議よ。
　　B : 何が？好みや環境が違っても、心さえ通じ合えば友だちになれるんじゃないの？

❸ A : さっきあなたの言葉に心が傷ついたみたいだったよ。今度会ったら謝って。
　　B : 私がないことでも言ったの？事実を言ったまでじゃない。

❹ 何？ 私と一緒にいると気まずいだと？ 私がその理由を言ってあげようか？ それは私が
お前の聞きたくない正論ばかり言うからだよ。

❺ 人生がつらいと感じてるときに、ごく些細な気遣い一つで心が温まる瞬間、経験したこ
とない？

答え　❶ 무거워/무겁다　❷ 통하　❸ 상한　❹ 불편하다　❺ 따뜻해지는

마음이 생기다

その気になる/気が向く〔直気持ちが生じる〕
意しようかな、してもいいかなといった気分になること。

아무리 노력해도 널 미워하는 마음이 생기지 않아.
どんなに努力してもあなたを嫌いになれない。

마음이 쏠리다

気持ちが傾く
意当初とは考え方が変化して、次第にある物事にひきつけられるのこと。参마음이 기울다ともいう。

뭐야? 너 그 남자 쪽으로 완전히 마음이 쏠린 거야?
何?あなたその男性の方に完全に気持ちが傾いたの?

마음이 심란하다

心が乱れる/落ち着かない/気持ちが複雑だ
意あれこれと思い煩い、心の平静が失われる。
参마음이 뒤숭숭하다, 어수선하다ともいう。

마음도 심란한데 소주나 한잔 할까?
気持ちも落ち着かないし、焼酎でも一杯やる?

마음이 쓰이다

気にかかる
意心配に思う。気になる。
参신경이 쓰이다ともいう。

나랑 정말 안 맞는데 왜 자꾸 걔한테 마음이 쓰이지?
私と本当に合わないのに、何でずっとあの子のことが気にかかるんだろ?

마음이 아프다

心が痛い/胸が痛む
意ひどく悲しいことや苦しいことに、心を痛めている様子。
参속상하다, 가슴이 아프다ともいう。

내 진심을 그렇게 오해하다니 마음이 너무 아파.
私の本心をそういうふうに誤解するなんて、胸が痛いよ。

146

▶ ☐の中から適当な表現を選び会話を完成させましょう。◀

┌───┐
│ 심란하다   생기다   아프다   쏠리다   쓰이다 │
└───┘

❶ A：안 그래도 마음이 (   ) 죽겠는데 왜 옆에서 너까지 난
　　리야?

　　B：그러게. 분위기 파악 좀 해라. 저런 건 나이가 들어도 고쳐지지
　　가 않아요.

❷ A：네가 울면 내 마음이 (   )잖아.

　　B：뭐야? 너 지금 병 주고 약 주니? 내가 지금 누구 때문에 우는
　　건데?

❸ A：냉정하게 조건만 놓고 보면 그쪽을 선택하는 게 맞는데 마음이
　　(   ) 건 이쪽이란 말이야.

　　B：너, 내가 남자 얼굴이 밥 먹여 주는 거 아니라고 몇 번을 말했
　　니? 네 아빠를 잘 보란 말이야.

❹ 뭐? 자꾸 걔 생각만 나고 걔의 모든 게 마음이 (   )고? 너
　머리가 어떻게 된 거 아냐? 걘 네 가장 친한 친구 여친이잖아.

❺ 저렇게 맨날 붙어 있으면 없던 마음도 (   )겠다. 그래, 저
　여우 같은 게 처음부터 그걸 노린 거야.

······················· 日本語訳 ·······················

❶ A：ただでさえ気持ちが複雑なのに、何であなたまで隣で騒ぐのよ。
　　B：だから。空気を読んでよ。あんなところは歳を取っても直らないんだから。

❷ A：あなたに泣かれると、私の胸が痛むんだよ。
　　B：何ですって？ 今私が誰のせいで泣いてると思う？

❸ A：冷静に条件だけを比べるとそっちを選ぶべきなんだけど、気持ちが傾くのはこっち
　　なんだよね。
　　B：あなたね、男の顔がご飯を食べさせてくれるわけではないと何度言ったのよ。お父
　　さんの場合をよく見てよ。

❹ 何？ ずっとあの子のことばかり思い浮かんで、あの子の全てが気にかかるって？ お前頭
　がおかしくなったんじゃないの？ あの子はお前の一番の親友の彼女じゃん。

❺ あんなに毎日くっついてると自然に感情も芽生えるんじゃない？ そうよ。あの女狐が最
　初からそれを狙ったんだよ。

··

┌──┐
│ 答え ❶ 심란해 ❷ 아파 ❸ 쏠리는 ❹ 쓰인다 ❺ 생기 │
└──┘

마음이 여리다

心が弱い/気が弱い
意 他人に気兼ねしたり、思いどおりに行動できなかったりする。
参 마음이 약하다ともいう。

누가 마음이 여리다고? 쟤가? 저 강철의 여인이?
誰が気が弱いって? あの子が? あの鋼鉄の女が?

마음이 움직이다

心が動く
意 ①心が引きつけられる。関心を持つ。その気になる。②気持ちが動揺する。 参 마음이 동하다ともいう。마음을 움직이다(心を動かす)

무슨 말을 해도 마음이 움직일 것 같지 않은데요.
何を言っても気が変わりそうもありません。

마음이 있다

気がある/関心がある
意 興味や関心がある。特に、恋慕う気持ちがある。
参 관심이 있다ともいう。

마음이 있으면 이것저것 재지 말고 고백해.
その気があればあれこれ計算しないで、告白しろよ。

마음이 좁다

心が狭い
意 周囲の状況や他人の行動を受け入れない。他人に対する思いやりがない。 参 속(이) 좁다ともいう。

저렇게 마음 좁은 사람하고 어떻게 한평생을 살았어?
あんなに心の狭い人とどうやって一生を添い遂げたの?

마음이 찡하다

胸を打たれる
意 強く感銘を受け、印象に残る。
参 가슴이 찡하다, 감동하다ともいう。

마지막에 주인공이 죽는 장면에선 마음이 찡했어.
最後に主人公が死ぬ場面では胸を打たれたわ。

▶ ☐ の中から適当な表現を選び会話を完成させましょう。◀

좁다　　여리다　　찡하다　　움직이다　　있다

❶ A : 너도 바랄 걸 바래라. 저렇게 마음 (　　　　) 인간이 그런 걸 이해할 수 있겠어? 너 지금 꿈꾸니? 현실도피야?

　　B : 말을 해도 진짜. 넌 모든 걸 너무 부정적으로 보는 게 문제야.

❷ A : 그녀는 마음이 (　　　　　)서 벌레 한 마리도 못 죽이는 사람 이야.

　　B : 착각도 유분수지. 그래 평생 그렇게 속고 살아라.

❸ A : 마음이 (　　　　)면 너도 끼워 줄게.

　　B : 됐네요. 지금까지 그렇게 해서 날린 돈이 얼만데.

❹ 정말 이 사람은 아니라고 생각했는데 추운 겨울에 매일 나 나올 때까지 밖에서 덜덜 떨고 있는 걸 보니까 왠지 마음이 (　　　　) 지는 거 있지.

❺ 사람들 마음이 조금씩이지만 (　　　　)기 시작한 것 같은데. 이 번 전략이 제대로 먹힌 것 같아. 좋았어. 이대로 밀고 나가는 거야.

.... 日本語訳 ....

❶ A : あり得ないことを期待するなよ。あんなに心の狭い人間にあんなことが理解できる と思うの? 夢見てる? 現実逃避なの?

　　B : まったく。あなたはすべてに対してネガティブすぎるのが問題なのよ。

❷ A : 彼女は気が弱くて虫一匹殺せないひとだよ。

　　B : 勘違いもほどほどにしろ。それで、一生そのように騙されて生きてろよ。

❸ A : 関心があればあなたも入れてあげるよ。

　　B : 要らないわよ。今までそうやって無駄にしたお金がいくらだと思う?

❹ この人ではないと思ってたんだけど、寒い冬に毎日私が出てくるまで外で震えながら待っ てるのを見てたら、何だか胸を打たれたのよ。

❺ 人々の心が少しずつだけど動き始めたようだ。今度の戦略が利いたみたい。よし、この まま推し進めるのよ。

....

答え　❶ 좁은　❷ 여려　❸ 있으　❹ 찡해　❺ 움직이

마음이 콩밭에 가 있다

心ここにあらず/身が入らない〔直心が豆畑に行っている〕
意何かに気を取られていて目下の事案がおろそかになっている
様子。

마음이 콩밭에 가 있는데 일이 손에 잡히겠어?
心ここにあらずなのに、仕事が手に付くわけがない。

마음이 풀리다

心のしこりが取れる/心のわだかまりが解ける/気が済む
意心に留まっていた不満や、ギクシャクした人間関係が解消さ
れること。参기분이/속이/직성이 풀리다, 마음속이 후련해지다
ともいう。

그냥 네 마음이 풀릴 때까지 날 때려.
あなたの気が済むまで私を殴って。

마음이 후련하다

気が晴れる/気持ちがすっきりする/さっぱりする
意憂鬱な気分が吹き飛ぶ。心に引っかかっていた物事を解決し
て、快適な気持ちになること。すがすがしい気分になる。
参속이 후련하다/시원하다ともいう。

미련을 버리니까 이렇게 마음이 후련할 줄 몰랐어.
未練を捨てたらこんなに気持ちがすっきりするとは知らなかったよ。

마음이 후하다

情が厚い/人情深い/寛大だ
意他人の心情を察するのに敏感で、ついそれに応えてしまおう
とする。
参인정/인심이 후하다ともいう。후하다の反対語は、박하다

주인 아저씨가 마음이 후해서 반찬은 얼마든지 리필해도 돼.
オーナーのおじさんが情が厚くて、おかずは何度でもお替り自由なの。

마음이 흐트러지다

気が散る〔直心が乱れる〕
意一つのことに気持ちが集中できない。不安や心配などで心
が安定しないさま。
参정신이 산란해지다, 정신(이) 사납다ともいう。

이만한 일로 마음이 흐트러지면 어떡해. 정신 차려.
これくらいのことで気が散ってどうするのよ。しっかりして。

▶ ☐ の中から適当な表現を選び会話を完成させましょう。◀

| 풀리다　　있다　　후련하다　　흐트러지다　　후하다 |

❶ A : 너만 보면 마음이 (　　　　　)서 안 되겠어. 우리 시험 끝날 때
　　까지만 만나지 말자.
　B : 언제는 내 얼굴 못 보면 공부도 안된다며?

❷ A : 하고 싶은 말 다 퍼붓고 나니까 마음이 (　　　　　).
　B : 그 대신 내일부터 실직자 신세잖아.

❸ A : 이제 좀 마음이 (　　　　　)?
　B : 내가 무슨 그런 일로 꽁하는 사람으로 보여?

❹ 그래, 마음이 콩 밭에 가 (　　　　　) 사람이 무슨 일을 제대로 하
　겠니. 넌 아무 잘못 없어. 너한테 일을 맡긴 내가 나쁘지.

❺ 역시 소문은 믿을 게 못 돼. 여기 하숙집 주인 아주머니 마음
　(　　　　　)고 한 사람은 다 유언비어죄로 집어 넣어야 돼.

────────────────── 日本語訳 ──────────────────

❶ A : あなたに会うと気が散るからダメ。試験が終わるまで会うのはよそう。
　B : 以前は私の顔をみてないと、余計集中できないっていってたのに？
❷ A : 言いたいことを全て吐き出したら気が晴れたわ。
　B : その代わり、明日から失業者だね。
❸ A : これで少しは心のしこりが取れたの？
　B : 私がそんなことですねる人に見えるの？
❹ そうね。心ここにあらずの人が仕事なんかまともにできるわけがないんだよね。あなた
　は何も悪くない。あなたに仕事を任せた私が悪い。
❺ やっぱりうわさは信用できない。この下宿のおかみさんについて情が厚いと言ってた人
　は、皆デマを流した罪でぶち込まないといけない。

────────────────────────────────────

答え ❶ 흐트려져 ❷ 후련해 ❸ 풀렸어/풀렸니 ❹ 있는 ❺ 후하다

그림의 떡

絵の餅　意絵に描いた餅／高嶺の花

싼 게 비지떡이다

安いものはおから入り餅だ　意安いものはその分良くない／安物買いの銭失い

누워서 떡 먹기(식은 죽 먹기)

寝ながら餅を食うこと　意朝飯前

울며 겨자 먹기

泣きながらからしを食べること　意嫌なこともやむを得ず行う／泣き寝入りする

남의 떡이 더 커 보인다

他人の餅がより大きく見える　意隣の芝生は青く見える／釣り落した魚は大きい

미운 놈 떡 하나 더 준다

憎い奴に餅をもう一つ上げる　意憎い人ほどよくしてやって、良い感情を持つようにしなければいけない

떡 줄 사람은 생각도 않는데 김칫국부터 마신다

お餅をあげようとも思ってないのにキムチ汁から飲む　意捕らぬ狸の皮算用／早合点する

우물에서 숭늉 찾는다

井戸端でおこげ湯を探す　意我慢して待つことができない

수박 겉 핥기

スイカの皮舐め　意うわべだけの浅はかな知識や行い

작은 고추가 맵다

小さい唐辛子がもっと辛い　意山椒は小粒でもぴりりと辛い

第13章

胸に関する
慣用表現

- 가슴에 간직하다/묻다
- 가슴에 멍이 들다
- 가슴에 못을 박다
- 가슴에 사무치다
- 가슴에 손을 얹다
- 가슴을 도려내다
- 가슴을 쓸어내리다
- 가슴을 앓다
- 가슴을 열다
- 가슴을 울리다
- 가슴을 치다
- 가슴을 펴다
- 가슴이 답답하다

- 가슴이 두근거리다/뛰다
- 가슴이 떨리다
- 가슴이 뜨끔하다
- 가슴이 먹먹하다
- 가슴이 뭉클하다
- 가슴이 찢어지다/미어지다
- 가슴이 벅차다
- 가슴이 서늘하다/섬뜩하다
- 가슴이 쓰리다
- 가슴이 조마조마하다
- 가슴이 철렁하다
- 가슴이 타다/타 들어가다

가슴에 간직하다/묻다

胸に秘める/胸に納める
意 自分の内心にとどめて、表に出さないさま。
参 가슴에 품다 (胸に抱く)

평생 가슴속에 묻어 둔 한마디, "널 사랑해".
一生、胸の中に秘めた一言「あなたを愛してる」。

가슴에 멍이 들다

胸の傷として残る/苦悩と悲しみが心にわだかまる〔直 胸にあざができる〕
参 より強調するときは、가슴에 피멍이 들다ともいう。

네가 하도 속 썩여서 가슴에 시퍼렇게 멍이 든 엄마가 불쌍하지도 않니?
あなたのせいで胸を痛めた母さんがかわいそうだと思わないの?

가슴에 못을 박다

胸を深く傷つける〔直 胸に釘を打つ〕
参 마음에 상처를 주다/입히다ともいう。

자식 가슴에 그만 못 박고 그냥 결혼 허락해 줘.
これ以上子どもを傷つけないで、いい加減結婚を許してよ。

가슴에 사무치다

胸に染みる
意 心に深く入りこむ。しみじみと感じられる。
参 뼈에 사무치다 (骨に染みる)

고백도 못 했다는 미련이 가슴에 사무치나 보더라.
告白もできなかった未練が胸に染みるみたい。

가슴에 손을 얹다

胸に手を当てる
意 自身の言動などを、振り返ってじっくりと考えること。過去を振り返る。 参 가슴에 손을 얹고 생각하다 (よく考える)

가슴에 손을 얹고 생각해 보라는 건 그냥 비유일 뿐이야.
胸に手を当てて考えてというのは、ただの比喩なのよ。

▶ ☐ の中から適当な表現を選び会話を完成させましょう。◀

박다　　사무치다　　들다　　얹다　　간직하다

❶ A : 정말 사람 가슴에 못 (　　　　　) 소리만 한다니까.
　　B : 너 말고도 그런 사람이 또 있단 말이야?

❷ A : 아, 그녀를 향한 이 가슴에 (　　　　) 그리움.
　　B : 어제 만난 여자 아니야?

❸ A : 첫사랑과의 추억을 가슴에 (　　　　　) 채 평생을 독신으로 살
　　　았대.
　　B : 그 첫사랑은 다른 사람이랑 결혼해서 애 낳고 잘 살았다며?

❹ 부모 반대를 무릅쓰고 결혼하는 바람에 부모 가슴에 멍이
　(　　　　)게 하더니 일년도 못 살고 헤어졌단 말이야?

❺ 양심이 있으면 가슴에 손을 (　　　　　)고 잘 생각해 보라고? 어
　떡하지? 난 양심이 없나 봐. 아무 생각도 안 드는데?

·· 日本語訳 ··

❶ A : 本当に人の心を深く傷つけることばかり言うんだから。
　　B : あなたの他にもそんな人がまたいるってことなの？
❷ A : あ、彼女へのこの胸にしみる恋しさ。
　　B : 昨日出会った女性じゃないの？
❸ A : 初恋との思い出を胸に秘めて、一生独身を貫いたって。
　　B : その初恋の相手は別の人と結婚して子どもも生まれて幸せに暮らしたって？
❹ 親の反対を押し切って結婚して親を悲しませたのに、一年も経たないうちに別れちゃっ
　たってことなの？
❺ 良心っていうのがあれば胸に手を当ててよく考えてみろって？ どうしよう。私には良心
　がないみたい。何にも感じないけど？

··
　答え　❶ 박는　❷ 사무치는　❸ 간직한　❹ 들　❺ 얹

155

가슴을 도려내다

胸をえぐる

🈟人の苦労などが非常に哀れで物悲しいさま。哀切きわまりない。 🈯가슴을 저미다, 가슴이 에이다ともいう。

가슴을 도려내는 심정으로 널 포기했는데 이혼을 해?
胸をえぐるような気持ちであなたをあきらめたのに、離婚をしたの？

가슴을 쓸어내리다

胸を撫で下ろす/安心する/ほっとする

🈟心配事が解決してほっとする。 🈯안심하다ともいう。

아들의 무사를 확인하고는 가슴을 쓸어내렸어.
息子の無事を確認して、胸を撫で下ろしたわ。

가슴을 앓다

胸が痛む/胸を痛める/ひどく心配する〔直胸を患う〕

🈟①心配や悲しみ、あるいは疚しさなどによって、辛さを感じること。 ②心臓や肺などの器官に疾患があって胸部に痛覚を覚えること。 🈯가슴앓이 (片思いの胸の痛み)、냉가슴을 앓다 (ひとりで思い悩む/ひとりで気をもむ)

첫사랑 때 가슴을 앓았던 경험? 난 모르겠는데?
初恋で胸を痛めた経験？ 私はしてないけど。

가슴을 열다

心を開く〔直胸を開く〕

🈟相手に対して警戒心を抱くことなく、ありのままの自分で接すること。 🈯가슴/흉금을 털어놓다 (胸中を吐露する)

오늘 하루는 가슴을 열고 속에 있는 얘기를 다 하자.
今日一日は心を開いて、心中を洗いざらい話し合おう。

가슴을 울리다

胸を打つ〔直胸を泣かす〕

🈟感銘を与えること。感動させること。感動などで心を揺り動かすこと。 🈯심금을 울리다, 깊게 감동시키다ともいう。

진심이 담긴 고백이 가슴을 울리네. 아, 갈등돼.
真心を込めた告白に胸が打たれる。あ、迷っちゃうな。

▶ [　　　]の中から適当な表現を選び会話を完成させましょう。◀

열다　　쓸어내리다　　도려내다　　앓다　　울리다

❶ A : 사나이 대 사나이로 가슴을 (　　　　)고 얘기해 보자.

　　B : 아, 난 여자라고 몇 번을 얘기해요. 겉모습만 보고 판단하지 말라고요.

❷ A : 혼자서 가슴 (　　　　)지 말고 남자답게 고백해.

　　B : 넌 모르지. 바라만 볼 수 있어도 행복한 사랑이 있다는 걸.

❸ A : 가슴을 (　　　　) 아픔을 실제로 경험한 사람은 없지 않아?

　　B : 또, 또. 제발 따지지 좀 마. 넌 네가 얼마나 피곤한 타입인지 모르지?

❹ 제발 좀 여유를 가지고 준비하면 안 돼? 비행기 출발 직전에 아슬아슬하게 타는 것도 한두 번이지 말이야. 매번 이렇게 가슴을 (　　　　)면서 여행을 가야 해?

❺ 가슴을 (　　　　) 멋진 시라고? 뭐 잘못 먹었니? 너 평소에 시라면 질색을 하는 애잖아.

---------------- 日本語訳 ----------------

❶ A : 男同士、心を開いて話してみよう。

　　B : あ、私は女だと何度言ってるんですか。見た目だけで判断しないでください。

❷ A : 一人でくよくよしないで男らしく告っちゃえよ。

　　B : あなたには分からないよね。見てるだけで幸せな恋もあるってことを。

❸ A : 胸をえぐる痛みを実際に経験した人はいないんじゃない?

　　B : またかよ。お願いだから分析するなよ。あんたは自分がどれほど疲れるタイプなのか自覚がないんだよね?

❹ お願いだから余裕を持って準備してよ。いつも飛行機の出発直前ぎりぎりに滑り込むじゃない。毎回こうやって胸をなでおろしながら旅行に行きたいわけ?

❺ 胸を打つ素敵な詩だって? 急にどうしたの? あなた、普段は詩なんて大嫌いじゃないの。

答え　❶ 열　❷ 앓　❸ 도려내는　❹ 쓸어내리　❺ 울리는

가슴을 치다

胸を打つ/胸を叩く
[意]自分のしてしまったことを、あとになって失敗であったとくやむこと。[参]땅을 치다 (悔しくてたまらない/後悔する)

가슴을 치며 통곡을 하는데 나까지 눈물이 나더라.
胸を叩きながら泣き叫ぶのを見て、私も涙が出たのよ。

가슴을 펴다

胸を張る〔[直]胸を伸ばす〕
[意]胸をそらせて、自信のある様子をする。得意になる。

넌 내가 선택한 남자야. 당당하게 가슴을 펴.
あなたは私に選ばれた男なのよ。堂々と胸を張って。

가슴이 답답하다

胸が苦しい/もどかしい/息苦しい
[意]物事が思うとおりに進まず、もどかしい。
[参]가슴이 후련하다 (胸がすっとする/清々する)

널 보고 있으면 가슴이 답답해 죽겠다. 왜 그렇게 사니?
あなたをみているともどかしい。何でそう生きるわけ？

가슴이 두근거리다/뛰다

胸がドキドキする
[参]가슴이 설레다 (胸がわくわくする)、가슴이 두근반세근반하다 (胸がドキドキする、가슴이 두근두근하다の方言)。

얼굴만 봐도 가슴이 뛰는데 말을 어떻게 해.
顔をみるだけで胸がドキドキするのに、話すことなんてできないよ。

가슴이 떨리다

緊張する〔[直]胸が震える〕
[参]심장이 떨리다ともいう。

고백 한번 하려다가 가슴이 떨려서 죽는 줄 알았어.
告白しようとしたら緊張しすぎて死にそうだったよ。

► ☐ の中から適当な表現を選び会話を完成させましょう。◄

| 펴다　　치다　　두근거리다　　떨리다　　답답하다 |

❶ A : 같이 있으면 가슴이 (　　　　　) 남자랑 마음이 편안해지는 남
　　자가 있어. 난 누굴 선택해야 할까?
　 B : 문제는 그 두 사람도 네가 좋대?

❷ A : 아, 내 가슴이 주책없이 왜 이렇게 (　　　　)지?
　 B : 그래, 주책없지. 허구한 날 예쁜 여자만 보면 (　　　　) 가슴
　　이니까.

❸ A : 너 언젠가 가슴을 (　　　　)며 후회할 날이 올 거야.
　 B : 후회해도 내가 할 거니까 제발 내 일에 참견 좀 하지 마.

❹ 출세 못 한 게 죄니? 동창회에 와서 왜 그렇게 주눅이 들어 있는
　거야? 가슴을 (　　　　)고 애들한테 가서 인사해.

❺ 널 보고 있으면 가슴이 (　　　　)져. 평생 그렇게 바라보기만 할
　거야? 일단 고백이라도 해 봐야 할 거 아냐.

.... 日本語訳 ....

❶ A : いっしょにいると心が震える男性と気が楽になる男性がいるの。どちらを選ぶべき
　　かな。
　 B : 問題はその二人もあなたのことが好きなの？
❷ A : あ、私の胸がみだりに何でこんなにドキドキするんだろ。
　 B : そう、見境いなしよね。いつも若いきれいな女性を見るとどきどきする胸なんだから。
❸ A : あなた、いつか胸を打ちながら後悔する日がくるはずよ。
　 B : 後悔しても私がするから、どうか私のことに構わないで。
❹ 出世できなかったのが罪なの？ 同窓会に来て何でそうやっていじけてるのよ。胸を張っ
　て皆のところに行って挨拶してよ。
❺ あなたを見ているともどかしくなるのよ。一生そうやって離れたところから眺めてばか
　りいるつもりなの？ とりあえず告白でもすべきじゃないの？

....

答え ❶ 떨리는　❷ 두근거리, 두근거리는　❸ 치　❹ 펴　❺ 답답해

가슴이 뜨끔하다

(胸が)ドキッとする
意（心にやましいことがあって）ぎくっとする。
参가슴이 찔리다（呵責を感じる）

그 말을 하면서 날 보는데 가슴이 뜨끔했어.
そのことを言いながら私の方をみるので、ドキッとしたわよ。

가슴이 먹먹하다

胸がつまる
意大きな感動や、嬉しい・悲しいといった感情の高まりに心が
占められるさま。　参가슴이 저리다ともいう。

지금도 첫사랑 생각만 하면 가슴이 먹먹해져.
今でも初恋のことを考えると、胸が詰まる思いなの。

가슴이 뭉클하다

感激する/胸にじんとくる〔直胸がじんとくる/胸がつまる〕
意感動して思わず涙が出そうになるさま。
参가슴이 찡하다ともいう。

어떻게 가슴이 뭉클해지는 얘기를 들으면서 하품을 해?
どうしたら胸にじんと来る話を聞きながらあくびができるの？

가슴이 찢어지다/미어지다

胸が張り裂ける/張り裂けそうだ
意心配・悲しみ・憤り・憎しみ・悔しさなどの程度が甚だしく
て、胸が裂けるような苦しみを感じる。参가슴이 무너져 내리다,
가슴이 (메어) 터지다, 억장이 무너지다ともいう。

젊은 나이에 과부가 된 딸을 보고 있으면 가슴이 미어져.
若くして未亡人になった娘をみていると、胸が張り裂けそうだよ。

가슴이 벅차다

胸がいっぱいになる/感無量だ
意（喜びや感激で）胸がいっぱいになる。
参가슴이 뿌듯하다（〈誇らしい気持ちで〉胸がいっぱいだ）、가
슴이 부풀다（胸が膨らむ）

지금은 가슴이 벅차서 아무 말도 못 하겠어.
今は胸がいっぱいで何も言えない。

▶ [　　　]の中から適当な表現を選び会話を完成させましょう。◀

벅차다　　미어지다　　먹먹하다　　뜨끔하다　　뭉클하다

❶ A : 난산으로 태어난 딸을 처음 안았을 때의 그 감동은 지금도 잊을 수가 없어.

　　B : 보고 있던 내 가슴이 다 (　　　　　)더라.

❷ A : 아무리 가슴이 (　　　　　)도 그렇지, 수상 소감 말하랬더니 울기만 하다가 내려오다니.

　　B : 그 얘긴 그만하자. 머리 박고 싶은 사람은 나니까.

❸ A : 얘들만 생각하면 가슴이 (　　　　) 것 같아.

　　B : 그러게 누가 바람 피워서 이혼당하래?

❹ 도둑이 제 발 저린다고, 그냥 떠보는 말에 가슴이 (　　　　　)서 자백할 뻔 했다니까.

❺ 공항에서 손 흔드는 부모님을 뒤로 하고 출국장으로 들어갈 때 왜 그렇게 가슴이 (　　　　)던지 눈물을 참느라고 혼났어.

日本語訳

❶ A : 難産の末に生まれた娘を初めて抱いたときの感動は今でも忘れられない。
　　B : 見てた私の胸もじんときたよ。

❷ A : いくら感無量でも、受賞の感想を求められてずっと泣いてばかりでそのまま降りてくるなんて。
　　B : その話はやめようね。一番悔しい人は私なんだから。

❸ A : 子どもたちのことを考えると胸が張り裂けそう。
　　B : だから何で浮気して離婚にまで追い込まれたのよ。

❹ 「盗人の足がしびれる（悪いことをしてもばれる）」と、かまをかける言葉にどきっとして、白状するところだったよ。

❺ 空港で手を振る両親を後にして出国ゲートに入るとき、胸が詰まる思いで涙をこらえるのに必死だったよ。

答え　❶ 뭉클하 ❷ 벅차 ❸ 미어지는 ❹ 뜨끔해 ❺ 먹먹하

가슴이 서늘하다/섬뜩하다

ぞっとする
<意>突然驚かされて強い不安・恐怖を感じる。
<参>등골이 오싹하다, 간담이 서늘하다라고도 한다.

그 눈빛을 보는 순간 가슴이 섬뜩했어.
その目つきを見た瞬間、ぞっとしたよ。

가슴이 쓰리다

胸が痛む/心がちくちくする
<類>가슴이 쓰라리다라고도 한다.

이런 가슴 쓰린 경험은 한번으로 족해.
こんな苦い経験は一度だけで充分だよ。

가슴이 조마조마하다

はらはらする/ひやひやする
<意>心配するさま、最後にどうなるかが気になってどきどきすること。 <参>마음을 졸이다라고도 한다.

들킬까 봐 가슴이 조마조마했네.
バレるかと思ってはらはらしたよ。

가슴이 철렁하다

肝を冷やす/ドキッとする
<意>驚き恐れて、ひやりとする。危ない目に遭って、ぞっとする。
<参>가슴이 덜컹하다, 가슴이 내려앉다라고도 한다.

네 표정이 하도 심각해서 가슴이 철렁했잖아.
あなたの表情があまりにも深刻なのでドキッとしたじゃない。

가슴이 타다/타 들어가다

気がもめる/いら立つ 〔直胸が燃える〕
<意>心配で気持ちが落ち着かない。やきもきする。
<参>속(이) 타다라고도 한다。가슴을 태우다/속 태우다（胸を焦がす）

가슴이 타서 그런지 물이 자꾸 먹히네.
いら立ってるせいか、水が飲みたくなる。

▶ ☐ の中から適当な表現を選び会話を完成させましょう。◀

쓰리다　들어가다　서늘하다　조마조마하다　철렁하다

❶ A : 네가 놓친 전철이 전복 사고가 나는 바람에 죽은 사람도 있다
　　　며?
　　B : 내가 그 전철을 탔다고 생각하면 지금도 가슴이 (　　　　).

❷ A : 두 사람 행복한 모습을 보니 좋긴 한데 한편으론 가슴이
　　　(　　　　)다.
　　B : 그렇겠네. 너 대신 나간 선 자리에서 만나 사귀게 됐으니.

❸ A : 내 가슴이 새까맣게 타 (　　　　) 것도 모르고.
　　B : 열어서 볼 수도 없는데 내가 어떻게 알아?

❹ 또 말실수를 할까 봐 얼마나 가슴이 (　　　　)던지. 덕분에 밥이
　　입으로 들어가는지 코로 들어가는지도 몰랐어.

❺ 똑바로 운전 못 해? 앞차랑 충돌하는 줄 알고 가슴이 (　　　　)
　　잖아.

.... 日本語訳 ....

❶ A : あなたが乗り遅れた電車が転覆事故に遭って死亡者も出たって？
　　B : 私がその電車に乗ってたと思ったら、今もぞっとするよ。
❷ A : 二人の幸せな姿が見られていいけど、その一方で心がちくちくする。
　　B : でしょうね。あなたの代わりに行ったお見合いで出会ってつきあうことになったか
　　　らね。
❸ A : 私の胸が真っ黒に焦げているのも知らずに。
　　B : 開いてみることもできないのに私がどうやって分かるの？
❹ また失言するんじゃないかと心配してどれほどはらはらしたか。おかげさまでどうやって
　食べたのかまったく覚えてないのよ。
❺ ちゃんと運転できないの？ 前の車と衝突すると思って肝を冷やしたじゃない。

....

答え　❶ 서늘해　❷ 쓰리　❸ 들어가는　❹ 조마조마하　❺ 철렁했

言葉に関することわざ

사돈 남 말한다

査頓（結婚した両家の呼称）が他人の話をする　意自分のことは棚に上げて人のことを言う。

'아' 다르고 '어' 다르다

アが違って、オが違う　意ものは言いよう

말이 씨가 된다

言葉が種になる　意言った言葉が現実になる

발 없는 말이 천 리 간다

足のない言葉が千里を行く　意口を慎むべきだ／ささやき千里

입이 열 개라도 할 말이 없다

口が 10 個でも言うことがない　意言い訳のしようもない／大変申し訳なくて何も言えない

가는 말이 고와야 오는 말이 곱다

放つ言葉がきれいなら、返ってくる言葉もきれいだ　意売り言葉に買い言葉

낮말은 새가 듣고 밤말은 쥐가 듣는다

昼の言葉は鳥が聞き、夜の言葉はネズミが聞く　意壁に耳あり、障子に目あり

말 안 하면 귀신도 모른다

話さなければ、鬼でもわからない　意言わなければ、誰も知らない

호랑이도 제 말하면 온다

虎も自分の話をすればやって来る　意噂をすれば影が差す

입은 비뚤어져도 말은 바로 해라

口は曲がっても正直に言え　意状況はどうであれ、正直に言え

第14章

足に関する
慣用表現

- 발 디딜 틈이 없다
- 발 벗고 나서다
- 발 뻗고 자다
- 발로 뛰다
- 발에 차이다
- 발을 내디디다
- 발을 담그다
- 발을 동동 구르다
- 발을 맞추다
- 발(을) 붙이다
- 발을 빼다
- 발이 넓다
- 발이 묶이다

- 발(이) 빠르다
- 발이 손이 되도록 빌다
- 발걸음이 가볍다/무겁다
- 발걸음이 떨어지지 않다
- 발(길)을 끊다
- 발길이 가다/향하다/닿다
- 발길이 이어지다
- 발등에 불 떨어지다
- 발등을 찍히다
- 발등의 불을 끄다
- 발목을 잡다
- 발뺌을 하다

발 디딜 틈이 없다

足の踏み場もない/大勢の人で混雑している〔直足を踏み入れる隙間がない〕 意足を下ろすだけのわずかなすき間もないほど、物が散らかっている/人混みがすごい。 参발을 디디다（足を踏む）、より強調するときは발 디딜 틈도 없다

무슨 결혼식이 발 디딜 틈이 없을 만큼 하객이 많아?
結婚式に足の踏み場がないほどお客さんが多いの？

발 벗고 나서다

積極的に手伝う/一肌脱ぐ〔直足を脱いで出る〕 意本気になって他人のために力を貸す。 参적극적으로 나서다ともいう。

쟤 일에 이렇게 발 벗고 나서는 이유가 뭐야?
あの子のことをこんなに積極的に手伝う理由は何なの？

발 뻗고 자다

問題を解決して安心して寝る/枕を高くして寝る〔直足を伸ばして寝る〕 参마음 편히 자다ともいう。

언제 이 빚을 다 갚고 발 뻗고 편히 잘 수 있을까?
いつになったらこの借金を全部返済して安心して寝られるかな。

발로 뛰다

自分の足を使って頑張る〔直足で走る〕 参발로 뛰어다니다ともいう。

기자라면 자기 발로 뛰면서 기사를 써야지.
記者なら自分の足で駆け回って記事を書かなきゃ。

발에 차이다

ありふれている/どこにでもある〔直足に蹴られる〕 意世間のどこにでもある。普通であって珍しくない 参흔하다、수두룩하다、널리다、흔해 빠지다ともいう。

발에 차일 만큼 많은 게 편의점인데 그걸 하겠다고?
どこにでもあるのがコンビニなのに、それをやるってことなの？

▶ 　　　　 の中から適当な表現を選び会話を完成させましょう。◀

뛰다　　나서다　　차이다　　없다　　자다

❶ A : 아무리 세일이라지만 발 디딜 틈이 (　　　　　)네. 휴일에는 집
　　　에서 낮잠이나 자지 왜 다 기어 나오는 거야?
　　B : 내 말이. 집에 있으라니까 왜 따라와서는 불평이야.

❷ A : 발에 (　　　　) 게 남자야. 미련 갖지 마.
　　B : 남자라고 다 같아? 어디 가서 그런 남자를 또 만나.

❸ A : 네 일이라면 내가 발 벗고 (　　　　)야지.
　　B : 제발 조용히 있어 주는 게 돕는 거야.

❹ 우리 때는 영업하려면 하루 종일 발로 (　　　　)다녀야 했는데
　　요즘은 참 영업 방법도 다양해졌어.

❺ 당한 사람은 이렇게 괴로운데 정작 사고 친 인간은 편하게 발 뻗고
　　(　　　　)니. 돈 없고 백 없는 사람은 어떻게 살라는 거야?

<hr />

⋯⋯⋯⋯⋯⋯⋯⋯⋯⋯⋯⋯⋯⋯⋯⋯ 日本語訳 ⋯⋯⋯⋯⋯⋯⋯⋯⋯⋯⋯⋯⋯⋯⋯⋯

❶ A : いくらセールとはいえ、足の踏み場もないほど混雑してるね。休日には家で昼寝で
　　　もしてればいいのに、何で皆出てくるのか。
　　B : まさにそう。家にいればいいのに何でついてきてはブーブー言うのよ。
❷ A : 男なんかいくらでもいるでしょ？ 未練なんか要らない。
　　B : 男といっても皆同じじゃないわよ。どこでまたあんな男に出会えるのよ。
❸ A : あなたのことなら私が積極的に手伝わないと。
　　B : お願いだからおとなしくしてくれたほうが助かるんだけど。
❹ 私たちの時代は営業のためには一日中足で頑張って飛び回ったのに、最近は営業のやり
　　方も多様になったもんだね。
❺ 事故に遭った人がこんなに苦しんでいて、起こした人が枕を高く寝られるなんて。金も
　　なくコネもない人はどうやって生きろというのよ。

<hr />

答え ❶ 없 ❷ 차이는 ❸ 나서 ❹ 뛰어 ❺ 자다

발을 내디디다

足を踏み切る/踏み出す
意 新しい事を始める。新しい分野で活動を始める。 参 첫발을
내디디다 (第一歩を踏み出す)、내디디다를 내딛다ともいう。

너한테 미지의 세계에 발을 내디딜 용기가 있을까?
あなたに未知の世界に足を踏み出す勇気があるのかな。

발을 담그다

悪いことにかかわる/足を入れる/足を浸す
意 ①ある世界に入る。②物を液体の中に入れること。
参 발을 들이다 (関与する/加入する)

통통 부은 다리는 뜨거운 물에 담그면 좋아.
ぱんぱんにむくんだ足は熱いお湯に浸せばいい。

발을 동동 구르다

足を強く踏み鳴らす/地団駄を踏む〔直足を踏み鳴らす〕
意 非常にもどかしがったり、焦っているようす。
参 발을 동동거리다ともいう。

발만 동동 구르지 말고 어떻게 좀 해 봐.
じたばたばかりしてないで、何とか手を打ってみてよ。

발을 맞추다

歩調を合わせる/足並みをそろえる〔直足を合わせる〕
意 ①多くの人と同一目的に向かって行動するとき、周囲に逆ら
わないで協調する。②進行ペースを合わせる。 参 보조를 맞추다
(歩調を合わせる)、손발을 맞추다, 호흡을 맞추다ともいう。

유행에 발맞추어 아이템을 바꾸는 게 중요해.
流行に歩調を合わせてアイテムを変えるのが大事よ。

발(을) 붙이다

足を踏み入れる〔直足をくっつける/足を寄せる〕
意 ①何かに頼ったり、あるところに基盤を設ける。②あるところ
にかろうじて入る。 参 발도 못 붙이게 하다 (近寄らないようにす
る/足を踏み入れることすらできなくする) の形でよく使われる。

두 번 다시 여기엔 발도 못 붙이게 할 거야.
二度とここには足を踏み入れられなくする。

▶ の中から適当な表現を選び会話を完成させましょう。◀

| 담그다 | 붙이다 | 내디디다 | 맞추다 | 구르다 |

❶ A : 퍼레이드에서 발(　　　　　)서 행진하는 모습을 보면 왜 이렇게 흥분될까?

　 B : 뭐 이상한 의미는 아니지?

❷ A : 한번 발을 (　　　　)면 탈퇴는 어렵다고 들었는데.

　 B : 소설 쓰니? 동호회 탈퇴랑 범죄 조직이랑 같아?

❸ A : 봐, 봐, 달에 인류가 첫발을 (　　　　) 역사적인 순간이야.

　 B : 그게 네 발이니? 왜 이렇게 호들갑이야?

❹ 지금에야 반대하는 결혼을 했다고 집에 발도 못 (　　　　)게 하지만, 자식 이기는 부모가 어디 있어? 그러다 풀리시겠지.

❺ 사람이 물에 빠지면 모두들 발만 동동 (　　　　)면서 안타까워하지, 실제로 물에 뛰어들어 구하려는 사람은 없잖아? 지금의 내 처지랑 똑같아.

―――――――――――――― 日本語訳 ――――――――――――――

❶ A : パレードで足踏みそろえて行進する姿をみてると、何でこんなに興奮するんだろうね。
　 B : 何か変な意味ではないんだよね？

❷ A : 一度加入したら退会は難しいと聞いたんだけど。
　 B : 小説でも書いてるの？ 同好会の退会と犯罪組織が同じなの？

❸ A : 見て見て。月に人類が初めて足を踏みいれる歴史的瞬間なのよ。
　 B : それがあなたの足なの？ 何でこんなに大騒ぎするの。

❹ 今は反対する結婚をしたからと言って家に寄せつけないけど、子どもに勝てる親はいないのよ。そのうち、怒りが収まるでしょ。

❺ 人が溺れていると皆地団駄を踏みながらもどかしく思うけど、実際に水に飛び込んで助けようとする人はいないじゃない。今の私の状況そっくりだよ。

答え ❶ 맞추어(맞춰) ❷ 담그 ❸ 내디디는 ❹ 붙이 ❺ 구르

169

발을 빼다

手を引く/身を引く/関係を断つ/足を洗う〔直足を引く〕
意相手との関係をなくして、今までやってきたことや、これか
らやろうとすることをやめる。
参손을 떼다, 손을 씻다ともいう。

궁지에 몰리니까 자기만 살짝 발을 빼다니.
窮地に追い込まれたら自分だけこっそり身を引くなんて。

발이 넓다

顔が広い〔直足が広い〕
意交際範囲が広くて多方面に知人が多いこと。
参마당발 顔が広い人/知り合いが多い人(直扁平足)

발이 넓어서 분명 도움되는 사람을 알고 있을 거야.
顔が広いので、必ず役に立つ人を知ってるはずだよ。

발이 묶이다

足止めを食う〔直足が縛られる〕
意順調な進行や流れが阻害されるさま。 参손발이 묶이다(身
動きができなくなる/行動の自由が制約される)

항공기 결항으로 발이 묶여서 결국 못 왔대.
飛行機の欠航で足止めを食らって、結局来れなかったって。

발(이) 빠르다

素早く行動する〔直足が速い〕
参발 빠르게(素早く)の形でよく使われる。

시대의 변화에 발 빠르게 대처하는 게 중요해.
時代の変化に素早く対処するのが大事だよ。

발이 손이 되도록 빌다

切実に哀願する〔直足が手になるほど謝る/懇願する〕
意(足が手になるくらい手を合わせるの意で)しきりに頼む
参손이 발이 되도록 빌다, 손이 닳도록 빌다ともいう。

발이 손이 되도록 빌었는데도 용서를 안 해 줘?
必死に謝っても許してもらえなかったの?

▶ ☐の中から適当な表現を選び会話を完成させましょう。◀

| 빼다 | 묶이다 | 빠르다 | 넓다 | 빌다 |

❶ A : 쟤는 아는 사람이 왜 저렇게 많아? 발 (   ) 것도 재주
　　라던데.
　　B : 몰랐어? 쟤 마당발로 유명하잖아.

❷ A : 태풍 때문에 발이 (   )서 며칠 더 있어야 된대요.
　　B : 일부러 태풍 올 때를 골라서 간 거 아니야?

❸ A : 지가 먼저 하자고 부추길 땐 언제고 상황이 안 좋아지니까 혼
　　자 몰래 발을 (   ) 거 있지?
　　B : 내가 누차 그런 애라고 했잖아. 상종 못 할 인간이라니까.

❹ 발 (   )게 대처를 해도 뭐 한데 맨날 혼자 뒷북만 치고 있
　　으면 어떡하자는 거야? 정말 못 해 먹겠네.

❺ A : 지겹지도 않니? 매번 들키면서 바람을 왜 피워?
　　B : 이번에는 위험했어. 진짜 발이 손이 되도록 (   )서 겨우
　　용서 받았어.

日本語訳

❶ A：あの子は何で知り合いがあんなに多いの？ 顔が広いことも才能っていうけど。
　　B：知らなかったの？ あの子、顔が広いこと（扁平足）で有名じゃない。
❷ A：台風のせいで足止めされて、もう何日間泊まらないといけないそうです。
　　B：わざと台風のときを狙って行ったんじゃないの？
❸ A：自分から先に誘っておいて、状況が不利になったら自分だけこっそり身を引いたのよ。
　　B：私が何度もああいう子だっていったじゃない。相手にしちゃダメってば。
❹ 素早く対処するどころか、毎回一人で後になって騒いでどうするのよ。ホントやってられ
　　ない。
❺ A：こりないの？ 毎回バレるのに何で浮気をするわけ？
　　B：今回は危なかった。まじで必死に謝ってやっと許してもらったよ。

答え　❶ 넓은　❷ 묶여　❸ 빼는　❹ 빠르　❺ 빌어

발걸음이 가볍다/무겁다

足取りが軽い/重い
參발길이 가볍다/발길이 무겁다ともいう。

마음의 부담이 없어지니까 돌아가는 발걸음도 가볍네.
気持ちの負担がなくなったから、帰っていく足取りも軽いんだね。

발걸음이 떨어지지 않다

後ろ髪が引かれる〔直足が離れない〕
意未練がある気持ち、または心残りでその場から離れられない気持ち。 參발이 안 떨어지다ともいう。

애를 두고 출근하려니 발걸음이 떨어지지가 않아.
子どもをおいて出勤しようとしたら離れがたい。

발(길)을 끊다

出入りしない/行き来しない〔直足を絶つ〕
參발길이 끊기다 (足が途絶える)、발길이 뜸해지다 (足が遠のく)
발길을 돌리다 (足を引き返す)、발길을 옮기다 (足を運ぶ)

거기 발길을 끊은 지가 언젠데 새삼스럽게.
とっくにそこに出入りしてないのに、いまさら何よ。

발길이 가다/향하다/닿다

足が向く〔直足が行く〕
意知らず知らずその方へ行く。

저도 모르게 발길이 그쪽으로 향하는 걸 어떡해.
自ずとそちらに足が向くのだからしょうがないじゃない。

발길이 이어지다

人の列が後を絶たない〔直足が続く〕
意行列がいつまでも無くならないさま、終わらずにずっと続いているさま。 參발길이 잦다 (行き来が頻繁だ/よく行き来する)

스타는 다르네. 조문객들 발길이 끊임없이 이어져.
スターは違うね。弔問客の足が後を絶たない。

▶ ☐ の中から適当な表現を選び会話を完成させましょう。◀

| 무겁다 | 끊다 | 이어지다 | 닿다 | 않다 |

❶ A : 너 혼자 두고 가려니 발걸음이 떨어지지가 (　　　　).
　 B : 얼굴 표정 관리나 하고 그런 말을 해라.

❷ A : 나 클럽에는 완전히 발 (　　　　)니까. 넌 왜 사람 말을 못 믿고 자꾸 생사람을 잡아?
　 B : 누굴 바보로 알아? 너 어제도 클럽 간 거, 내 친구들이 사진 찍어서 에스앤에스에 다 올렸거든.

❸ A : 발길 (　　　　) 대로 걷다 보니 옛날에 우리가 자주 가던 카페 앞이네. 너 여기 팥빙수 좋아했잖아. 지금 나올래?
　 B : 너 정말 찌질하게 자꾸 이럴래? 우린 끝났다고 몇 번을 말해.

❹ 수해 피해자들을 도우려는 온정의 발길이 계속 (　　　　) 걸 보고 나도 뭔가를 하고 싶어졌어.

❺ 무서운 와이프를 생각하니까 집에 가는 발걸음이 너무 (　　　　)다.

·· 日本語訳 ··

❶ A : あなた一人にして帰ろうとしたら足が離れないよ。
　 B : そんなことは顔の表情を管理をしてから言って。
❷ A : クラブにはもう行ってないってば。何で人の話を信用しないで濡れ衣を着せるわけ？
　 B : 人を馬鹿にしてる？ 昨日もクラブに行ってるのを私の友だちが写真を撮ってSNSに全部アップしたのよ。
❸ A : 足が向くまま歩いてたら、昔俺たちがよく行ってたカフェの前だよ。きみはここのかき氷が好物だったじゃん。今から来ない？
　 B : 未練がましく何なのよ。私たちは終わったと何度言えば分かるのよ。
❹ 水害の被害者を助けようとする支援の輪が後を絶たないのを見て、私も何かしたくなったの。
❺ 怖い妻のことを思ったら、家に帰る足取りが重すぎる。

··

答え　❶ 않아/않네　❷ 끊었다　❸ 닿는　❹ 이어지는　❺ 무겁

발등에 불 떨어지다

尻に火が付く〔直足の甲に火が落ちる〕
憲事態が差し迫って、追いつめられた状態になる。

또 발등에 불 떨어졌지? 이번엔 절대 안 도와줄 거야.
また尻に火が付いたでしょ？ 今度は絶対助けないわよ。

발등을 찍히다

背かれる/裏切られる〔直足の甲を刺される〕
憲信頼していたものに反抗されること。 参배신을 당하다とも
いう。믿는 도끼에 발등 찍히다の形でよく使われる。

**내버려 둬. 한번 호되게 발등을 찍혀 봐야 사람 무서운
줄을 알지.**
ほっとけ。一度ひどく裏切られてみて人の怖さが分かるだろう。

발등의 불을 끄다

目の前の危機をかわす〔直足の甲の火を消す〕
憲急場をしのぐ。ひとまず何とかする。
参급한 불을 끄다ともいう。

**제발 발등의 불이라도 끌 수 있게 조금만이라도 융통
해 줘.**
お願いだから目の前の危機でもかわせるよう、少しでも貸して。

발목을 잡다

足を引っ張る〔直足首をつかむ〕
憲人の成功や前進をじゃまする。また、妨げとなる。
参발목을 잡히다（足を引っ張られる/邪魔される）

아이로 남자 발목 잡는 거, 진부하지 않아?
子どもを使って男の足を引っ張るなんて、古くない？

발뺌을 하다

言い逃れする〔直履き物を脱ぐことをする〕
憲本来負うべき責任から逃れようとすること。
参둘러대다, 변명하다ともいう。

다 들통났는데도 발뺌하는 모습, 정말 추하다.
全部ばれてるのに言い逃れするする姿が、マジ醜い。

▶ ☐ の中から適当な表現を選び会話を完成させましょう。◀

| 하다 | 떨어지다 | 찍히다 | 끄다 | 잡다 |

❶ A : 발뺌을 ( )도 소용없어. 여기 떡하니 증거도 있거든.
  B : 당신, 또 몰래 내 휴대폰 훔쳐봤구나.

❷ A : 믿는 도끼에 발등 ( )더니 딱 내 꼴이네.
  B : 내가 경고했지? 생긴 걸 봐. 얍삽하게 생겨 가지고 사람 뒤통수 칠 것 같은 얼굴이잖아.

❸ A : 또 발등에 불 ( )나 보네.
  B : 꼭 시험 전날 벼락치기로 공부하는 저 버릇은 도대체 누굴 닮은 거야?

❹ 일단 이걸로 발등의 불은 ( ) 수 있겠지. 그럼 그 다음엔 어떡할 건데? 더 이상 도움 청할 데도 없다면서.

❺ 너도 알지? 너 하나가 모두의 발목을 ( )고 있다는 거. 생각이 있다면 스스로 물러나야 되는 거 아냐?

······ 日本語訳 ······

❶ A : しらばっくれても無駄よ。ここにちゃんと証拠もあるわ。
  B : お前、またこっそり俺の携帯を盗み見したな。
❷ A : 飼い犬に手を噛まれるとはまさに私のさまだね。
  B : 私が警告しただろ? 顔を見ろよ。ずるい顔をして人を裏切りそうな印象じゃないか。
❸ A : また尻に火が付いたみたいだね。
  B : 毎回試験の前日に一夜漬けで勉強するあの癖は、一体誰に似たんでしょう。
❹ 一旦これで目の前の危機はかわせるだろう。ではその次はどうするの?これ以上助けを求められるところもないってことなのに。
❺ あなたも分かってるでしょ? あなた一人が皆の足を引っ張ってることを。分かってるなら、自ら辞退すべきじゃないの?

答え ❶ 해 ❷ 찍힌다 ❸ 떨어졌 ❹ 끌 ❺ 잡

꿩 대신 닭

雉の代わりに鶏 　意 似たようなもので我慢する

새 발의 피

鳥足の血 　意 雀の涙

가재는 게 편이다

ザリガニはカニに味方する 　意 類は友を呼ぶ

뛰어 봤자 벼룩이다

飛んでみてもノミだ 　意 たかが知れている

우물 안 개구리

井の中の蛙 　意 井の中の蛙大海を知らず

꼬리가 길면 밟힌다

悪事を長くするとばれる 　意 尻尾が長ければ踏まれる

개천에서 용 난다

どぶで竜が生まれる 　意 トンビが鷹を生む

쥐구멍에도 볕들 날이 있다

ネズミの穴にも陽光が差し込む日がある 　意 待てば海路の日和あり

고양이에게 생선을 맡기다

猫に魚を預ける 　意 猫に鰹節/泥棒にカギを預ける

굼벵이도 구르는 재주가 있다

蝉の幼虫でも転ぶ技がある 　意 能無しの能一つ

肩・腹・腰・血に関する慣用表現

- 어깨가 무겁다
- 어깨가 움츠러들다
- 어깨에 지다/짊어지다
- 어깨에 힘주다
- 어깨를 나란히 하다
- 배가 아프다
- 배를 채우다
- 배부른 소리하다
- 배꼽을 잡다
- 배짱이 있다
- 허리가 휘다
- 허리를 굽히다
- 허리를 잡다
- 허리를 펴다
- 허리를 졸라매다
- 피 터지게 싸우다
- 피를 말리다
- 피가 거꾸로 솟다
- 피가 끓다
- 피가 마르다
- 피눈물을 흘리다
- 피는 못 속이다
- 피도 눈물도 없다
- 피똥을 싸다
- 피를 빨다/빨아먹다

어깨가 무겁다

責任が重い/荷が重い〔直肩が重い〕
意 負担や責任が大きい。
参 책임이 막중하다 (責任がごく重い)

계약 체결이 자기한테 달렸다면 어깨가 무겁겠다.
契約の成功が自分にかかってるとしたら荷が重いだろうな。

어깨가 움츠러들다

肩身が狭くなる/合わせる顔がない
意 世間に対して面目が立たず、ひけめを感じる。
参 어깨가 처지다 (肩が下がる/肩を落とす)

그깟 일로 어깨가 움츠러들었어? 괜찮아. 어깨 펴.
それくらいのことで落ち込んでるの? 大丈夫。胸を張って。

어깨에 지다/짊어지다

肩に担ぐ/背負う
意 ①荷物を持ち上げて肩や背にのせること。②あることに対して責任や義務を背負う。

네 어깨에 짊어지고 있는 짐, 내가 나눠 질게.
あなたの肩に背負ってるもの、私が分けて背負うよ。

어깨에 힘주다

威張る/傲慢な態度をとる/ふんぞり返る〔直肩に力を入れる〕
意 威勢を張って偉そうにする。
参 뻐기다, 목에 힘을 주다, 으스대다, 우쭐대다ともいう。

변호사 되더니 어깨에 너무 힘주는 거 아냐?
弁護士になってから威張りすぎなんじゃないの?

어깨를 나란히 하다

肩を並べる
意 ①横に並ぶ。肩をそろえて進む。②対等の位置に立つ。同じ程度の力や地位をもって張り合う。
参 어깨를 견주다ともいう。

저런 유명인들과 어깨를 나란히 할 날이 올 줄이야.
あんな有名人たちと肩を並べる日が来るとは。

▶ ☐ の中から適当な表現を選び会話を完成させましょう。◀

힘주다　　움츠러들다　　짊어지다　　하다　　무겁다

❶ A : 부모님이 이혼했다고 그렇게 어깨가 (　　　　) 있는 거야?
　 B : 친척들이 나만 보면 불쌍하다는 듯이 혀를 차잖아요.

❷ A : 아버지 백만 믿고 어깨에 (　　　　)고 다니는 꼴 좀 봐.
　 B : 너는 그런 아버지도 없잖아.

❸ A : 가족의 생계를 너 혼자 어깨에 (　　　　) 필요는 없잖아?
　 B : 그럼 어떡해. 다른 인간들이 아무도 일을 안 하는데.

❹ 회사의 운명을 건 프로젝트의 성공 여부가 나한테 달려 있다고 생각하면 어깨가 (　　　　)서 도망치고 싶을 때도 있어.

❺ 옛날의 그 코찔찔이가 저렇게 성공해서 각계 셀럽들과 어깨를 나란히 (　　　　)고 사진을 찍다니, 참 오래 살고 볼 일이다.

-- 日本語訳 --

❶ A : 両親が離婚したからそんなに落ち込んでるの?
　 B : 親戚が皆私を見てかわいそうと舌打ちをする*じゃないですか。
　　　(*気の毒な状況に同情して舌打ちをする習慣がある)
❷ A : お父さんのコネを信じて威張ってるざまをみて。
　 B : お前はそんなお父さんもいないじゃない。
❸ A : 家族の生計をあなた一人で背負う必要はないんじゃないの?
　 B : ではどうするのよ。他の人は誰一人仕事をしないのに。
❹ 会社の運命をかけたプロジェクトの成功の可否が私にかかってると思うと荷が重くて逃げだしたくなるときもあるの。
❺ 昔、鼻水を垂らしてたチビがあんなに成功して各界のセレブたちと肩を並べて写真を撮るなんて、長生きしてみるべきもんだね。

答え ❶ 움츠러들어　❷ 힘주　❸ 짊어질　❹ 무거워　❺ 하

배가 아프다

おなかが痛い/嫉妬する/妬む

🈂️他人が自分よりすぐれている状態をうらやましく思って憎む。 参질투하다, 시기하다, 샘이 나다, 시샘하다ともいう。

친구가 출세한 게 그렇게 배가 아프니?
友だちが出世したことがそんなに嫌なの?

배를 채우다

腹ごしらえをする/私腹を肥やす/着服する〔直お腹を詰める〕

🈂️公の地位や立場を利用して、自分の財産を殖やす。

参배를 불리다 (欲を満たす)

뇌물 받아 배를 채우려는 공무원이 아직도 있어?
賄賂をもらって私腹を肥やそうとする公務員がまだいるの?

배부른 소리하다

贅沢な話をする〔直お腹いっぱいの話をする〕

배부른 소리하지 말고 와이프한테 감사하면서 살아.
贅沢なこと言わないで奥さんに感謝しながら生きろよ。

배꼽을 잡다

面白くて大いに笑う/腹を抱えて大いに笑う〔直へそを握る〕

参배꼽이 빠지도록 웃다 (大笑いする)、배를 잡고 웃다 (腹がよじれるほど笑う)

말을 얼마나 재미있게 하는지 배꼽을 잡았다니까.
話が面白すぎて腹を抱えたの。

배짱이 있다

度胸がある

🈂️恐怖を感じずに、大胆に行うことができるさま。 参배짱(을) 부리다 (図太く振舞う)、배짱이 두둑하다 (腹が太い)

배짱이 있으면 고백하고 없으면 포기해.
度胸があるなら告白して、なければあきらめてよ。

▶ ☐ の中から適当な表現を選び会話を完成させましょう。◀

소리하다 아프다 잡다 있다 채우다

❶ A : 조금 있으면 저녁 먹을 건데 과자로 배를 (　　　　)면 밥은
　　어떻게 먹으려고 그래.
　B : 엄마도 참. 돌이라도 씹을 나이인데 걱정 마세요.

❷ A : 남친이 기념일 한번 잊어 버렸다고 저 난리를 떠는 거야?
　B : 내 말이. 헤어지겠다고 난리도 아니었어. 모태 솔로인 우리들 앞
　　에서 배부른 (　　　　)고 있어, 진짜.

❸ A : 사람이 말이야, 배짱이 (　　　　)지. 저렇게 소심해서야.
　B : 무데뽀인 네 남친보다는 소심한 내 남친이 훨씬 나아.

❹ 너 지금 배 (　　　　)겠다. 예전에 네가 별 볼일 없다고 찬 남자
　가 저렇게 성공해서 네가 무시하던 애랑 결혼하는 걸 보고 있어야
　하니까.

❺ 부장님 흉내를 어쩜 그렇게 똑같이 내는지, 덕분에 다들 배를
　(　　　　)고 웃고 있는데 하필 그 순간에 부장님이 나타날 건 뭐야.

.... 日本語訳 ....

❶ A : もうちょっとで夕飯食べるのに、お菓子で腹いっぱいになるとご飯が食べられなく
　　なるじゃない。
　B : ママったら。食べ盛りだから心配しないでよ。
❷ A : 彼が記念日を一度忘れただけであんなに騒いでるの?
　B : だよね。別れるって大騒ぎで大変だったのよ。生まれて以来ずっとソロである私た
　　ちの前で贅沢なこと言ってるんだよね。
❸ A : 人はね、度胸がないとね。あんなに気が弱くては。
　B : 無鉄砲のあんたの彼氏よりは小心者の私の彼氏がはるかにましだわ。
❹ あなたは今気持ちが穏やかじゃないだろうね。昔大したことないと思って振った男があ
　んなに成功して、あなたがバカにしてた子と結婚するのを見てるからね。
❺ 物まねがまさに部長そっくりで、おかげで皆腹を抱えて笑ってるところに、よりによって
　その瞬間に部長が現れるとはね。

....

答え ❶ 채우 ❷ 소리하 ❸ 있어야 ❹ 아프 ❺ 잡

허리가 휘다

腰が曲がる/骨が折れる
意 困難である。労力を要する。
参 허리가 휘청거리다/휘청하다, 허리가 부러지다ともいう。

당신 카드값 대려고 내가 허리가 휜다, 휘어.
あなたのカード代金の支払いで骨が折れるよ。

허리를 굽히다

腰を曲げる/腰を折る/屈服する
意 ①腰をかがめてお辞儀をする。②腰が低い。謙遜な態度をとる。③頭を下げて屈服する。

수위 아저씨가 허리를 구십 도로 굽혀서 인사를 해?
守衛さんが腰を90度に曲げて挨拶をするの?

허리를 잡다

腹を抱えて笑う/笑いこける〔直腰をつかむ〕
意 順調な進行や流れが阻害されるさま。
参 허리가 끊어지다, 허리를 쥐고 웃다ともいう。

그 동영상 보고 허리를 잡고 웃었다니까.
その動画を見て腹を抱えて笑ったのよ。

허리를 펴다

腰を伸ばす/のびのびと過ごす/楽になる/経済的に余裕ができる
意 峠を越して楽に暮らせるようになる。
参 편해지다 (楽になる)、편안해지다 (気楽になる)

대출을 다 갚았으니까 이제 허리 좀 펴고 살겠네.
ローンを全額返済したので、これからは少し余裕があるんだね。

허리띠를 졸라매다

倹約する/質素に暮らす〔直ベルトをきつくしめる/腰紐を締め付ける〕 意 質素な生活をする。ひもじいのを辛抱して耐える。
参 허리띠를 조이다ともいう。

허리띠를 졸라매도 뭐 할 판에 흥청망청 써 대?
節約しても大変なのに惜しみなくバンバン使っちゃうなんて。

▶ ☐の中から適当な表現を選び会話を完成させましょう。◀

| 펴다 | 휘다 | 졸라매다 | 굽히다 | 잡다 |

❶ A : 동창회에서 친구들이랑 옛날 이야기하면서 너무 웃겨서 허리를 (　　　　)니까.

　　 B : 그래서 옛날 친구들이 좋다는 거야. 순수하게 웃을 수 있잖아.

❷ A : 집도 마련하고 이제 허리 좀 (　　　　)고 살겠다고 좋아했는데.

　　 B : 아직 희망을 버리기엔 일러. 수술하면 좋아질 거야. 기운 내.

❸ A : 당신 너무하는 거 아냐? 난 가족들 먹여 살리려고 허리가 (　　　　)데 이 많은 청구서들은 다 뭐야?

　　 B : 이왕이면 당신도 마누라가 예쁘다는 소리 듣는 게 좋잖아.

❹ 난 정말 허리띠를 (　　　　)고 절약하고 사는데 통장 잔고는 이게 뭐야? 왜 돈이 안 모이냐고. 희망이 없잖아, 희망이.

❺ 결국 허리를 (　　　　) 거면서 그동안 뭐 때문에 그렇게 버틴 거야? 너만 자존심 있어? 자존심도 세울 때 세워야지.

-------- 日本語訳 --------

❶ A : 同窓会で友だちと昔話をしながら面白すぎて腹を抱えて笑ったのよ。

　　 B : だから昔の友だちがいいっていうのよ。素直に笑えるじゃない。

❷ A : 家も買ってやっと余裕ができて楽に暮らせると喜んでたのに。

　　 B : まだ希望を捨てるのは早いよ。手術すれば良くなるはずだよ。元気出して。

❸ A : ひどすぎるじゃないか？ 私は家族を食わせるために腰が曲がりそうだというのに、この多すぎる請求書は何だ。

　　 B : どうせならあなたも妻がきれいって言われる方がいいでしょ？

❹ 私はまじ頑張って節約しながら生きてるのに、通帳の残高のこの数字は何なの？ 何でお金がたまらないのよ。希望がないじゃない、希望が。

❺ 結局は膝を屈することになるなんて、今まで何のために突っ張ったのか。お前プライドはあるのか？ プライドも守るべきときに守らないと。

答え ❶ 잡았다 ❷ 펴 ❸ 휘는 ❹ 졸라매 ❺ 굽힐

피 터지게 싸우다

激しくけんかする/血のにじむけんかをする〔直血が出るほど戦う〕

유산 상속 때문에 형제끼리 피 터지게 싸운단 말이야?
遺産相続のために兄弟どうし血を見る争いをするってことなの?

피를 말리다

ひどく苦しめる〔直血を干す〕
意ひどく苦しめたり、焦らすこと。

날 피 말려 죽이려고 하는 거야? 어떻게 됐어? 빨리 말해.
私を苦しめて殺す気なの? どうなの? 早く言って。

피가 거꾸로 솟다

頭に血が上る/逆上する〔直血が逆に引き上がる/血が逆流する〕 意感情がたかぶり、冷静さを失うのこと。
参열불이 치밀다ともいう。속이 뒤집히다 (腹がひっくり返る)

쟤 하는 짓 보고 있자니 피가 거꾸로 솟더라니까.
あの子のやってることを見ていたら、頭に血が上ったの。

피가 끓다

血が騒ぐ〔直血が沸く〕
意気持ちが高ぶって、じっとしていられなくなる。心がおどる。
参피가 끓어 오르다 (血が湧き上がる)

선수들의 투혼을 보고 있으면 피가 끓지 않아?
選手たちの闘魂を見ていると血が騒がない?

피가 마르다

死ぬほど苦しい/非常に苦しい〔直血が乾く〕
意ひどく苦しんだり気が焦ること。
参죽을 맛이다ともいう。

사고라도 난 줄 알고 피가 마르는 것 같았잖아.
事故にでも遭ったのかと思って気が気でなかったじゃない。

▶ ☐ の中から適当な表現を選び会話を完成させましょう。◀

| 싸우다 | 솟다 | 마르다 | 끓다 | 말리다 |

❶ A : 피 터지게 (　　　　) 땐 언제고 지금은 또 죽고 못 사는 친구야?

　　B : 이게 사나이들의 세계지. 남자는 주먹으로 말하는 거야.

❷ A : 애들은 다 치고 박고 싸우면서 크는 거라고 생각했는데 막상 내 자식이 맞았다는 말에 피가 거꾸로 (　　　　) 거 있지?

　　B : 그게 부모 마음이지. 근데 너 설마 그 집에 쳐들어간 건 아니지?

❸ A : 피가 (　　　　) 청춘? 사고 치는 게 청춘의 특권이라도 돼?

　　B : 왜 그러세요? 듣기로는 젊었을 때 꽤나 화려하게 노셨다고 들었는데요.

❹ 쟤를 나 혼자 낳았어요? 애가 수술방 들어가고 난 피가 (　　　　) 것 같은데 당신은 밥이 입에 들어가요?

❺ 피 (　　　　) 박빙의 승부가 펼쳐지고 있는 스타디움에서 생중계로 전해 드리고 있습니다.

······· 日本語訳 ·······

❶ A : こないだは激しくけんかして、今はまた仲の良い友だちなの？

　　B : これが男の世界だよ。男はこぶしで会話するものよ。

❷ A : 子どもどうし殴り合いのけんかもしながら育つもんだと思ってたんだけど、いざ自分の子どもが殴られたと聞いたら頭に血が上ったのよ。

　　B : それが親心ってもんでしょ？ ところであなた、まさか相手宅に押し掛けたんじゃないよね。

❸ A : 血が沸くような青春？ トラブルを起こすのが青春の特権でもあるの？

　　B : どうしちゃったんですか。聞いた話では、お若いころかなり派手に遊ばれてたそうですが。

❹ あの子を私が一人で産んだんですか。子どもが手術室に入ってて私は死ぬほど苦しいのに、あなたはご飯がのどを通るんですか。

❺ 手に汗を握る接戦が繰り広げられているスタジアムから、生中継でお伝えしております。

答え ❶ 싸울 ❷ 솟는 ❸ 끓는 ❹ 마르는 ❺ 말리는

피눈물을 흘리다

痛恨の涙を流す〔直血の涙を流す〕
参피눈물（怒りや悲しみのあまりあふれ出る涙）

언젠가 피눈물을 흘리면서 후회하게 해 줄 거야.
いつか痛恨の涙を流しながら後悔させてやる。

피는 못 속이다

血は争えない/そっくりだ〔直血はごまかせない〕
意子どもが父母から気質・性向を受け継いでいることは否定しようがない。　参쏙 빼닮다ともいう。

피는 못 속이는 거야. 하필 나쁜 것만 닮아 가지고는.
血は争えないのよ。よりによって悪いところばかり似るとはね。

피도 눈물도 없다

血も涙もない/残酷だ
意冷たくて人情がないこと。
参잔혹하다, 잔인하다ともいう。

피도 눈물도 없는 냉혈한이라더니, 의외의 면도 있네.
血も涙もない冷血漢って聞いたけど、意外な面もあるんだね。

피똥을 싸다

苦労する〔直血便を漏らす〕
参개고생하다ともいう。

내가 피똥 싸면서 번 돈을 노름으로 날려 먹어?
私が苦労して稼いだお金をばくちですったの？

피를 빨다/빨아먹다

血を吸う/搾取する
意本来負うべき責任から逃れようとすること。
参등골(을) 빨아먹다/빼먹다ともいう。

언제까지 부모 피 빨아먹으면서 살 작정이야?
いつまで親のすねをかじって生きるつもりなの？

◆━━◆━━◆━ Advanced 練習 ━◆━━◆━━◆

▶ [　　　　]の中から適当な表現を選び会話を完成させましょう。◀

빨아먹다　　　 없다　　　 속이다　　　 싸다　　　 흘리다

❶ A : 피도 눈물도 (　　　　　　　) 인간인 줄 알았는데 사람들 몰래 그
　　렇게 기부를 많이 하고 있었다니.
　　B : 제일 많이 씹은 게 너 아니었어? 좀 창피하겠다.

❷ A : 왜 결혼을 반대하시는지 정당한 이유를 말해 주세요.
　　B : 넌 피는 못 (　　　　　)는 말도 못 들어 봤니? 쟤 아버지가 누
　　군지 몰라? 그 피가 어디 가겠어?

❸ A : 여자한테 붙어서 피를 (　　　　　) 거머리 같은 놈이야.
　　B : 그 여자가 아무 말 안 하는데 네가 왜 난리야?

❹ 인과응보라는 말 몰라? 남의 눈에 눈물 나게 하면 자기 눈에선 피
　눈물 (　　　　)게 된다는 거. 내가 꼭 그렇게 만들 거야.

❺ 아니, 피똥 (　　　　)면서 알바해서 모은 돈을 아이돌한테 다 쓴
　단 말이야? 네가 제정신이니? 한심해서 말도 안 나온다.

⋯⋯⋯⋯⋯⋯⋯⋯⋯⋯⋯⋯⋯⋯⋯⋯⋯⋯⋯⋯ 日本語訳 ⋯⋯⋯⋯⋯⋯⋯⋯⋯⋯⋯⋯⋯⋯⋯⋯⋯⋯⋯⋯

❶ A : 血も涙もない人だと思ってたんだけど、こっそりあんなにたくさん寄付してたなんて。
　　B : 一番悪口言ってたのはあんたじゃなかったっけ。ちょっと恥ずかしいよな。
❷ A : なぜ結婚を反対されてるのか、正当な理由をおっしゃってください。
　　B : あなたは血は争えないという言葉を聞いたことないの？ あの子の父親が誰なのか
　　　　知らないわけ？ その血は変わらないのよ。
❸ A : 女に取入って血を吸うヒルみたいなやつだよ。
　　B : その女が何も言わないのに、何であなたがうるさいの？
❹ 因果応報って言葉を知らないの？ 人の目から涙を流させたら、自分の目からは血の涙
　が流れるってこと。私が絶対そうさせてやる。
❺ 何、苦労してバイトで貯めたお金をアイドルに全部費やすってことなの？ あなた、気は
　確かなの？ 情けなくて言葉も出ない。

⋯⋯⋯

答え ❶ 없는　❷ 속인다　❸ 빨아먹는　❹ 흘리　❺ 싸

지렁이도 밟으면 꿈틀한다

ミミズも踏めばぴくっとうごめく　**意** 一寸の虫にも五分の魂

닭 잡아먹고 오리발 내밀기

鶏を盗み食いして、鴨の足を出す　**意** 白を切る

재주는 곰이 넘고 돈은 주인이 받는다

芸は熊が演じて、金は主人がもらう　**意** 鷹骨折って旦那の餌食

돼지 목에 진주 목걸이

豚の首に真珠のネックレス　**意** 豚に真珠/猫に小判

하룻강아지 범 무서운 줄 모른다

生まれたばかりの子犬は虎の怖さを知らない　**意** 身の程知らずの怖いものなし

고래 싸움에 새우 등 터진다

鯨の戦いにエビの背中がやぶれる　**意** とばっちりを受ける

미꾸라지 한 마리가 온 웅덩이를 흐린다

ドジョウ一匹が水たまりを皆濁してしまう　**意** 一人の悪者が家庭や社会に大害を与える

개똥도 약에 쓰려면 없다

犬の糞も薬に使おうとすると見つからない　**意** 取るに足りないものが、いざというときに限ってない

쇠뿔도 단김에 빼라

牛の角も一気に抜け　**意** 善は急げ/思い立つ日が吉日

원숭이도 나무에서 떨어질 때가 있다

猿も木から落ちるときがある　**意** 猿も木から落ちる/河童の川流れ

第16章

気・骨・肝・息に関する
慣用表現

- 기가 죽다
- 기를 쓰다
- 기가 막히다
- 기가 살다
- 기가 세다
- 정신을 팔다
- 정신을 차리다
- 정신이 나가다
- 정신 사납다
- 정신이 (하나도) 없다
- 뼈대가 있다
- 뼈도 못 추리다
- 뼈를 깎다

- 뼈저리게 후회하다
- 뼛골이 빠지다
- 간 떨어지다
- 간도 쓸개도 없다
- 간에 기별도 안 가다
- 간이 콩알만 하다/해지다
- 간덩이가 붓다
- 숨(을) 돌리다
- 숨을 거두다
- 숨이 막히다
- 숨이 죽다
- 숨통이 트이다

기가 죽다

怯む／意気消沈する／弱気になる〔直気が死ぬ〕
参의기소침하다, 풀이 죽다, 기가 꺾이다라고도 한다.
기를 죽이다／기를 꺾다 (気をくじく／行き昇進させる)

애가 기가 죽어서 다니는 모습이 가여워 죽겠어요.
子どもが落ち込んでる姿がかわいそうでたまりません。

기를 쓰다

全力を尽くす／ある限りの力を尽くす〔直気を使う〕
意目的のために持っている力を全て出し切ること。
参전력을 다하다, 발버둥을 치다, 죽을힘을 다하다라고도 한다.

기를 쓰고 이기려고 하는 모습이 애처로워 보인다.
何とかして絶対勝とうとしてる姿が哀れに見える。

기가 막히다

①呆れる／呆れ果てる ②すばらしい〔直気が詰まる〕
参①기가 차다, 어처구니없다, 어이가 없다라고도 한다.
②죽여주다, 환상이다, 예술이다라고도 한다.

자기 아니라고 딱 잡아떼는데, 진짜 기가 막혀서.
自分ではないとしらを切るなんて、全く呆れる。

기가 살다

意気揚々だ／気勢が上がる〔直気が生きる〕
意気持ちが高揚し、いかにも誇らしげに振る舞う様子。

잘한다고 칭찬했더니 기가 살아서는. 진짜 단순하다니까.
上手って褒めたら調子に乗るんだから。マジ単純だよね。

기가 세다

気が強い
意気性が激しい、負けず嫌いで勝ち気、攻撃的な、容易に屈しないなどと表現される性格の人をいう。 参드세다라고도 한다. 기가 약하다 (気が弱い)

말띠 여자들이 기가 세다고 하던데, 쟤는 정반대네.
馬年の女性は気が強いと聞いたけど、あの子は正反対だね。

▶ ☐の中から適当な表現を選び会話を完成させましょう。◀

막히다	세다	죽다	쓰다	살다

❶ A : 아무리 기를 (   )도 넌 날 못 이겨. 왜냐고? 난 선택받
      은 사람이니까.

   B : 내가 실력이 딸려서 매번 너한테 지긴 하지만, 충고 하나 할게.
      빨랑 정신과 한번 가 봐.

❷ A : 여친이 기가 (   )던데, 결혼하면 눌려 사는 거 아냐?

   B : 안 그래도 요즘 여친이 너무 무서워서 악몽까지 꾼다니까.

❸ A : 기가 (   )서 말이 안 나온다. 어떻게 친구들 앞에서 날
      그렇게 망신 줄 수가 있어?

   B : 내가 도대체 무슨 망신을 줬다는 거야? 당신, 그거 피해망상이야.

❹ 상사한테 한번 혼난 걸 가지고 그렇게 기가 (   ) 있으면 앞
   으로 이 험한 세상을 어떻게 살아 나갈 거야?

❺ 맨날 지기만 하다가 겨우 한번 이긴 걸 가지고 기가 (   )서
   는 마치 지가 우승이라도 한 것처럼 설치고 있어.

.... 日本語訳 ....

❶ A : いくら力を尽くしてもあんたは私には勝てない。なぜかって？ 私は選ばれた人間だ
      から。

   B : 私の実力不足で毎回お前に負けているけど、一つ忠告するよ。早く精神科に行って
      みて。

❷ A : 彼女が気が強いって聞いたんだけど、結婚したら尻に敷かれて暮らすんじゃないの？

   B : 私も最近は彼女が怖すぎて悪夢まで見てるよ。

❸ A : 呆れて言葉も出ない。友だちの前で私にあんな大恥をかかせるなんて。

   B : 私が一体何をしたっていうのよ。あなた、それ被害妄想だよ。

❹ 上司に一度叱られただけでそうやって落ち込んでると、これからこの険しい世の中をど
   うやって生き抜くつもりなの？

❺ 毎回負けっぱなしだったのが、かろうじて一度勝ったことで、調子に乗ってまるで自分が
   優勝でもしたかのように大きな顔をしている。

....

答え **❶** 써 **❷** 세 **❸** 막혀 **❹** 죽어 **❺** 살아

정신을 팔다

よそ見をする/ぼんやりする〔直精神を売る〕
意見るべき対象から目を逸らして他のものを見ること。
参정신이 팔리다 (気を取られる)

요즘 어디다 정신 팔고 다니는 거야? 똑바로 못 해?
最近何に気を取られてるのよ。しっかりできないの？

정신을 차리다

意識を取り戻す/我にかえる/しっかりする/気が付く/目が覚める〔直精神・意識が入る〕
意①気を失っていたのが正気づく。②他に気を取られていたのが、本心に返る。 参정신이 들다ともいう。

지 부모한테 하는 거 봐. 정신 차리려면 아직 멀었어.
自分の両親への態度を見て。まともになるにはまだまだだね。

정신이 나가다

気が抜ける/ぼうっとする〔直精神が出る〕
意張り合いがなくなる。拍子抜けする。また、魂が抜ける。
参정신 줄을 놓다, 넋이 빠지다, 넋을 잃다ともいう。

내가 정신이 나갔나 봐. 결혼 기념일을 잊어 먹다니.
ぼうっとしてたみたい。結婚記念日を忘れるなんて。

정신 사납다

気が散る/落ち着きがない/集中が切れる〔直精神が荒々しい〕
意一つの事に気持ちが集中できない。
参어수선하다, 산만하다ともいう。

정신 사납게 굴지 말고 생각 좀 하게 조용히 해.
考えることがあるから騒がしくしないで静かにして。

정신이 (하나도) 없다

気が気でない/忙しい/無我夢中だ/何が何だか分からない〔直精神がない〕
参분주하다, 이리 뛰고 저리 뛰다ともいう。

저 손님만 오면 정신이 하나도 없어. 얼마나 까다로운지.
あのお客さんがくるといつもばたばた忙しくなる。要求が多すぎる。

► ☐ の中から適当な表現を選び会話を完成させましょう。◄

사납다	차리다	팔다	나가다	없다

❶ A：언니, 애들 좀 조용히 시켜. 내일이 시험인데 애들 때문에 정신
 (   )서 집중이 안되잖아.

 B：뭐가 시끄럽다는 거야? 꼭 공부 못하는 것들이 환경 탓을 해요.

❷ A：쟤는 아직도 정신 못 (   )어. 저런 애는 한번 크게 당해
 봐야 알아.

 B：부모가 문제야. 너무 오냐오냐해서 키우니까 애가 저 모양이지.

❸ A：회사로 하루 종일 항의 전화가 빗발치는 바람에 정신이 하나도
 (   )어. 밥도 못 먹고 이게 뭐야.

 B：내가 보기엔 거기 조만간에 망할 것 같아. 왜 하필 들어간 회사
 가 쯧쯧.

❹ 넌 요즘 정신을 어디다 (   )고 다니길래 그런 중요한 미팅
 을 까 먹어서 부장님한테 깨지니?

❺ 어머, 나 정신이 (   )나 봐. 국 데운다고 불 켜 놓고는 새까
 맣게 잊어 버리는 바람에 국물이 다 졸았어.

···················· 日本語訳 ····················

❶ A：姉さん、子どもたちを静かにさせてよ。明日が試験なのに子どもたちのせいで気が散っ
 て集中できないじゃん。
 B：何がうるさいのよ。勉強できないヤツは決まって環境のせいにするんだよ。

❷ A：あの子はまだ目が覚めてない。あんな子は一度痛い目にあえば分かるだろう。
 B：親が問題なんだよ。あまりにも甘やかして育てるから子どもがあのざまだよ。

❸ A：会社に一日中抗議の電話が殺到したせいで超忙しかったの。ご飯も食べれず何なのよ。
 B：私が思うにそこいずれつぶれちゃいそう。よりによって入った会社が、チェッ。

❹ 最近あんた、何にうつつを抜かして大事な打ち合わせを忘れちゃって部長に叱られたの?

❺ あら、私ったらぼんやりしてたみたい。スープを温めようと火をつけておいたのを度忘
 れしてスープがすっかり煮詰まってしまったわ。

··

答え ❶ 사나워 ❷ 차렸 ❸ 없었 ❹ 팔 ❺ 나갔

193

뼈대가 있다

家柄が良い〔直骨格がある〕
参족보 있다 (族譜がある)、유서 깊다 (由緒が深い)

우리 집을 뭘로 보고. 이래 봬도 뼈대 있는 집안이야.
うちをどう思ってるわけ? こう見えても良い家柄出身なのよ。

뼈도 못 추리다

さんざんな目に合う/ぼこぼこにされる〔直骨もかき集められない〕
意ひどく痛めつけられること。

한번만 더 내 앞에서 그러면 뼈도 못 추릴 줄 알아.
もう一度私の前でそんな態度を見せたらぼこぼこにしてやる。

뼈를 깎다

身を削る〔直骨を削る〕
意大変な苦労をしたり、ひどく心を痛めたりする。

뼈를 깎는 고통을 이겨 낸 사람만이 정상에 서는 거야.
身を削る苦しみを乗り越えた人だけがてっぺんに立つのよ。

뼈저리게 후회하다

痛切に後悔する〔直骨にしみるほど後悔する〕
参뼈저리게 느끼다 (痛感する/痛切に思う/骨身にこたえる)

언젠가 오늘 일을 뼈저리게 후회할 날이 올 거야.
いつか今日のことを痛切に後悔する日がくるはずよ。

뼛골이 빠지다

大変苦労する〔直骨髄が抜ける〕
参뼈 빠지다, 등골(이) 빠지다ともいう。

난 뭘 위해서 이 날까지 뼛골이 빠지게 일했을까?
私は何のために今日まで苦労して働いたんだろう?

▶ [   ]の中から適当な表現を選び会話を完成させましょう。◀

후회하다   깎다   빠지다   있다   추리다

❶ A : 뼛골 (   )게 한 평생을 일해도 원래 있는 사람들에 비하면 너무 초라하잖아.

　 B : 그러니까 뭘 그렇게 아등바등 살려고 해. 그냥 편하게 즐기면서 살자.

❷ A : 나 정말 그 때 그 사람 대신 널 선택하지 않은 걸 뼈져리게 (   )고 있어.

　 B : 난 네가 그 때 날 선택 안 해 줘서 지금 얼마나 고마운지 몰라.

❸ A : 뼈대 (   ) 집안이라고 그렇게 자랑을 하더니 친척들 수준이 왜 저 모양이야?

　 B : 그 뼈대가 시간이 흐르면서 좀 삭았겠지.

❹ 뭐? 감히 내 동생을 건드려? 그 자식, 내 손에 걸리면 뼈도 못 (   )게 해 준다고 전해.

❺ 뼈를 (   ) 노력으로 정상에 섰는데 한 순간의 실수로 밑바닥으로 추락하다니, 지금까지의 노력이 너무 허무하다.

.... 日本語訳 ....

❶ A : 一生苦労して頑張っても、元々のお金持ちに比べると惨めすぎるじゃない。
　 B : だからそうやって必死に頑張る必要ないってば。気楽に楽しみながら生きよう。

❷ A : 私、あのとき、あの人の代わりにあなたを取らなかったことを痛切に後悔している。
　 B : 私はあなたがあのとき、私を選ばなかったことを今とても感謝している。

❸ A : 良い家柄だとあれほど自慢してたのに、親戚のレベルは何であんなに低いの？
　 B : そのピョデ (骨格) が時間の経過とともに徐々にすり減ってきたんじゃないの？

❹ 何？ よくも私の弟に手を出したな。あの野郎、私の手にかかったらぼこぼこにしてやると伝えておけ。

❺ 骨を削る努力で頂点に立ったのに、一瞬の過ちでどん底に落ちるなんて、今までの努力があまりにも空しい。

....

答え ❶ 빠지 ❷ 후회하 ❸ 있는 ❹ 추리 ❺ 깎는

간 떨어지다

仰天する/びっくりする/肝を抜かす〔直肝が落ちる〕
参 깜짝 놀라다(깜놀), 소스라치다, 가슴이 철렁하다ともいう。
간이/간담이 서늘하다 (肝を冷やす)

간 떨어지는 줄 알았네. 사람 놀래키지 좀 마.
びっくりしたじゃないか。人を驚かすなよ。

간도 쓸개도 없다

プライドがない〔直肝も胆のうもない〕
意 プライドがないほど、卑屈な様子。
参 배알(밸) 도 없다ともいう。

간도 쓸개도 없는 자식이라고 욕할 때는 언제고.
プライドもない人間だと悪口を言ってたくせに。

간에 기별도 안 가다

物足りない/(量が少なくて) 食べた気がしない〔直肝に便りも行かない〕

이거 먹고 간에 기별도 안 가겠다. 더 시키면 안 돼?
これでは食べた気がしない。もっと頼んじゃダメ?

간이 콩알만 하다/해지다

肝っ玉が小さい/小さくなる/肝を冷やす〔直肝が豆粒ほどである/ほどになる〕
意 度胸がない/驚き恐れて、ひやりとする。 参 간이 작다ともいう。反対語は、간이 크다 (肝っ玉が太い/大胆だ)

간이 콩알만 해서 큰일은 못 할 사람이지.
肝っ玉が小さくてたいした事はできない人なの。

간덩이가 붓다

肝が据わって度胸がある/生意気に振る舞う〔直肝がむくむ〕
参 간이 붓다, 간이 크다, 간덩이가 크다, 간이 배 밖으로 나오다ともいう。

간덩이가 부었나. 누구 앞에서 건방지게 훈계야?
怖いものがないの? 誰に向かって生意気に偉そうなこと言うの?

▶ ⬚ の中から適当な表現を選び会話を完成させましょう。◀

| 붓다 | 떨어지다 | 가다 | 해지다 | 없다 |

❶ A : 할머니, 제가 다쳤다는 연락 받고 많이 놀라셨죠?

B : 그래. 교통사고 났다는 얘기에 크게 다친 줄 알고 간 (　　　　)
뻔했어.

❷ A : 넌 이걸 누구 입에 붙이라고 사 온 거야? 간에 기별도 안
(　　　　)잖아.

B : 네가 먹는 양이 이상한 거야. 그렇게 말라 가지고는 먹는 양은
씨름 선수급이잖아.

❸ A : 선생님이 부른다길래 난 또 지난번에 땡땡이치고 놀러 간 게
들킨 줄 알고 간이 콩알만 (　　　　)잖아.

B : 그러게 들키면 혼날 일을 왜 하니?

❹ 참 저 인간은 간도 쓸개도 (　　　　). 어떻게 저렇게 여기 붙었다
저기 붙었다 할 수가 있을까?

❺ 당신 간덩이가 (　　　　)구나. 퇴직금을 거기다 다 투자를 했다
고? 그거 우리 전 재산이야. 날리면 우린 길거리로 쫓겨난다고.

·· 日本語訳 ··

❶ A : お祖母ちゃん、私がけがしたという連絡をもらってとても驚かれたでしょ?

B : そうなの。交通事故にあったと聞いたので大けがしたかと思って肝を抜かしたのよ。

❷ A : これを誰に食べろって買ってきたのよ。全然食べた気がしないじゃない。

B : あなたの食べる量がおかしいのよ。ものすごく痩せてるくせに食べる量は相撲取り
級クラスじゃない。

❸ A : 先生に呼ばれたと聞いて、てっきりこの間さぼったことがばれたかと思って肝を冷や
したじゃない。

B : そもそもばれたら叱られることを何でやるわけ?

❹ あれはプライドもないやつだね。どうやってこっちについたりあっちについたりころころ
変われるんだろ?

❺ あんた、怖いものがないのね。退職金を全額そこに投資したというの? それは私たち
の全財産だよ。失敗したら路頭に迷う羽目になるのよ。

··

答え ❶ 떨어질 ❷ 가 ❸ 해졌 ❹ 없어 ❺ 부었

숨(을) 돌리다

一息つく／一息入れる
意 一休みすること。
参 숨을 고르다ともいう。한숨 돌리다／한시름 놓다 (一安心する)

나 이제 막 왔잖아. 숨 돌릴 시간은 줘야지.
今来たばかりじゃない。一息入れる時間はくれないと。

숨을 거두다

息を引き取る／亡くなる
意 呼吸が止まる。死ぬ。人が死ぬことをより丁寧に表した表現。
参 하늘나라로 가다, 세상을 떠나다, 눈을 감다ともいう。
숨이 끊어지다 (息が絶える)、숨이 넘어가다 (息が切れる)

숨을 거두는 순간까지도 원망을 하더라고요.
息を引き取る瞬間まで恨んでたそうです。

숨이 막히다

息が詰まる／息苦しい
意 ①呼吸が十分にできなくなる。②緊張しすぎて、息苦しくなる。 参 갑갑하다, 답답하다ともいう。

너랑 있으면 숨이 막힐 것 같아. 제발 날 놓아 줘.
あなたといると息が詰まりそう。お願いだから私を自由にさせて。

숨이 죽다

野菜などがしんなりとする／しおれて生気がなくなる〔直息が
死ぬ〕
参 숨을 죽이다 (野菜を柔らかくする／息を殺す／かたずをのむ)

야채 숨이 다 죽었는데 버려도 돼죠?
野菜がすっかりしおれてしまったので、捨ててもいいですよね?

숨통이 트이다

ほっとする／息をつく〔直息の根が開ける〕
意 いつまでも無くならないさま、終わらずにずっと続いている
さま。 参 숨통을 끊다 (息の根を止める)、숨통을 조이다 (息の
根を絞める)

야외로 나오니까 숨통이 트이는 것 같아. 우리 자주 오자.
郊外に来たら胸が軽くなる感じだわ。また来ましょう。

▶ ☐ の中から適当な表現を選び会話を完成させましょう。◀

돌리다　　죽다　　트이다　　막히다　　거두다

❶ A : 어떻게 됐어? 아, 빨랑 얘기해 봐. 어떻게 됐냐니까.
　 B : 나 지금 숨이 턱밑까지 차오른 거 안 보여? 숨 좀 (　　　　)자.

❷ A : 올케, 정말 너무 하는 거 아냐? 어떻게 우리 엄마가 지켜보는
　　　사람 하나 없이 혼자 외롭게 병실에서 숨을 (　　　　)시게
　　　할 수가 있어?
　 B : 형님, 저도 할 만큼 했어요. 딸인 형님도 한 달에 한 번밖에 안
　　　오는 병원을 전 그래도 일주일에 한 번은 왔잖아요.

❸ A : 와이프가 친구들이랑 여행 갔어. 아, 집에 혼자 있으니까 숨통
　　　이 (　　　) 것 같아.
　 B : 참 한심하다. 그렇게 꽉 잡혀서 어떻게 사나?

❹ 장을 봐 왔으면 바로바로 냉장고에 넣어야지. 이렇게 방치해 놓으
　 니까 야채들이 숨이 (　　　　)서 먹을 수도 없게 됐잖아.

❺ 아까 회의 시간에 분위기 진짜 장난 아니었어. 나 같은 말단은 압
　 도당해서 숨 (　　　) 죽는 줄 알았다니까.

.... 日本語訳 ....

❶ A : どうなったの？ あ、早く話してよ。どうなったかって聞いてるじゃない。
　 B : 今完全に息が上がってるのが見えなの？ ちょっと一息入れなきゃ。
❷ A : あなた、ひどいんじゃないの？ 何でお母さんが誰一人見守る人もいない病室で寂し
　　　く息を引き取ったのよ。
　 B : お義姉さん。私はできる限りのことはやったつもりです。娘のお義姉さんすら月に一
　　　度しか来ない病院に私は週一回は来てたんですよ。
❸ A : 妻は友だちと旅行に行ったんだ。あ、家に一人でいると楽に息ができそう。
　 B : 情けないよな。そこまで尻に敷かれてどうやって生きてるんだ？
❹ 買ってきたものはその都度冷蔵庫に入れないと。こうやって放置しておくから野菜がし
　 おれて食べられなくなるじゃない。
❺ さっきの会議の時間に雰囲気が険悪で、私のような下っ端は息が詰まるかと思ったよ。

....

答え ❶돌리 ❷거두 ❸트이는 ❹죽어 ❺막혀

하나만 알고 둘은 모른다

一だけ知って、二は知らない　意一を知りて二を知らず/知識や見解が浅い

밑 빠진 독에 물 붓기

底抜けの甕に水を注ぐ　意焼け石に水

짚신도 짝이 있다

草鞋にも対の一方がある　意割れ鍋に綴じ蓋/誰にも結婚相手がある

뛰는 놈 위에 나는 놈 있다

走る奴の上に飛ぶ奴がいる　意上には上がいる

길고 짧은 것은 대어 보아야 안다

長いか短いかは（長短は）比べてみないと分からない　意やってみないと分からない/物は試し

하나를 보면 열을 안다

一を見れば十を知る　意一事が万事

시작이 반이다

始まりが半分だ　意始めが半分/始めが肝心

무소식이 희소식

無消息は朗報（喜消息）　意便りがないのは良い便り

병 주고 약 준다

病気を与えて薬を与える　意害を及ぼしてから助けるふりをする

가는 날이 장날이다

行った日が市日だ　意たまたま行ったところで予想外の出来事に出くわす

ㅂ

ㅅ

ㅇ

著者紹介
辛昭静（シン・ソジョン）
　韓国・釜山生まれ。
　お茶の水女子大学大学院人間文化研究科博士課程修了（人文科学）。
　東京大学大学院情報学環客員研究員。新大久保学院講師。

　著書：『表現マップで覚える！ 韓国語日常フレーズ 初級』（HANA）
　　　　『書き込み式　入門韓国語完全マスターブック』（HANA）
　　　　『できる韓国語 初級 文型トレーニング』（DEKIRU 出版）
　　　　『絵でわかる韓国語のオノマトペ』（白水社）ほか

絵でわかる韓国語の体の慣用表現

2021 年 3 月 10 日　印刷
2021 年 4 月 5 日　　発行

著　者 © 辛　　　昭　　　静
発行者　　及　川　直　志
組版所　　株式会社アイ・ビーンズ
印刷所　　株式会社理想社

101-0052 東京都千代田区神田小川町 3 の 24
発行所　電話 03-3291-7811（営業部），7821（編集部）　株式会社　白水社
www.hakusuisha.co.jp
乱丁・落丁本は送料小社負担にてお取り替えいたします。

振替 00190-5-33228　　　　Printed in Japan　　　　加瀬製本

ISBN978-4-560-08895-1